Bischof Dr. Georg Moser
1923–1988
Ein Lebensbild

Bischof Dr. Georg Moser
1923–1988
Ein Lebensbild

Süddeutsche Verlagsgesellschaft Ulm

1. Auflage 1988

Herausgeber:
© Bischöfliches Ordinariat
der Diözese Rottenburg-Stuttgart

Verantwortlich für Redaktion,
Text- und Bildauswahl:
Christoph Berchtold, Bischöflicher Assistent
Heinz Georg Tiefenbacher, Domkapitular

Druck und Verlag:
Süddeutsche Verlagsgesellschaft mbH, Ulm

ISBN 3-88 294-136-7

Bildnachweise:
Aßfalg, W. 62 l., 70 l.; Edith-Stein-Karmel 28; Eppler, K. 41;
Eschenfelder, W. 81 o., 83; Faiss, W. 51, 79; Grohe, M. 63, 67;
Dr. Hell 32 l.; Hostrup-Zehnder 59, 80, 84; Hüdig, B. 45, 48, 53;
Leser, R. Titelbild, 6, 57, 58; Osservatore Romano 81 u.;
Süddeutscher Rundfunk 43; Rasemann, R. 54;
Alle übrigen: Bischöfliches Ordinariat Rottenburg-Stuttgart

Vorwort

Unzählige Menschen in unserem Land und weit darüber hinaus vernahmen mit Bestürzung am 9. Mai dieses Jahres die Nachricht vom plötzlichen Tod Dr. Georg Mosers, des neunten Bischofs der Diözese Rottenburg-Stuttgart. Die vorliegende Schrift will das Andenken des weitbekannten, hochgeschätzten und im besten Sinne volkstümlichen Bischofs wachhalten. Seine unverwechselbare Stimme und das ihm eigene Profil, mit dem er sein verantwortungsvolles Amt ausübte, sollen hier noch einmal lebendig werden. In ausgewählten, zu einem guten Teil bisher unveröffentlichten Texten und anhand zahlreicher Fotos wird sein Lebensbild entlang den Stationen seines Wirkens deutlich. Aus eigener Erinnerung und Reflexion kommt zu Wort: der Schüler und Student, der Vikar und Studentenseelsorger Georg Moser, der Akademiedirektor und schließlich der Bischof einer großen Diözese mit über zwei Millionen Katholiken.

Bischof Dr. Moser empfand es mehr als Lust denn als Last, vor einer riesigen Anzahl von Menschen zu stehen und sie anzusprechen. Vielen wurde er so bekannt als einer, der von den Themen und der Sprache her kräftig und unerschrocken zupackte. Diese Seite seines Wesens wird auch in manchen Texten dieser Schrift deutlich. Mindestens in gleichem Maße aber war der Bischof höchst sensibel, behutsam und mitfühlend. Ein Leben lang mühte er sich darum, dem einzelnen, dem leidenden, kranken und trauernden Menschen nachzugehen, ja auch dem, den er in einer erregten Stunde vielleicht verletzt hatte.

Das vorliegende Lebensbild kann und will die publizierten Schriften, Predigten und Hirtenworte Dr. Georg Mosers nicht ersetzen oder verdrängen. So wurde auch versucht, nicht nur längst Bekanntes zu wiederholen. Besonders durch die Bilder und Zeitdokumente versteht sich diese Schrift nun als eine kleine erschließende »Lesehilfe« zur uns hinterlassenen reichen Fülle seines gesprochenen und geschriebenen Wortes. Bischof Dr. Georg Moser hätte es allerdings abgelehnt, wenn ein solches Lebensbild in den Verdacht des Personenkults geriete oder bloß oberflächlicher Neugier entgegenkäme. In seiner schlichten, täglich an der Welt der Bibel und der Liturgie maßnehmenden Frömmigkeit wußte er, in wessen Dienst er stand und warum er die Last des Bischofsamts immer wieder erneut bejahte und weitertrug. So spricht uns der Christ und der Bischof Georg Moser in dieser Gedenkschrift noch einmal an, um uns aufzuschließen für die biblische Botschaft, deren Kern er schon von früh an in jenem Wort verdichtet fand, das später sein bischöflicher Leitspruch wurde: »Ut habeant vitam« – »Damit sie das Leben haben« (Joh 10,10).

Den beiden Herausgebern sowie allen Verwandten, Freunden und Mitarbeitern, die Hinweise auf Texte oder Bildmaterial beisteuerten – hier vor allem Frau Jaschke, die Schwester des Bischofs – gebührt mein herzlicher Dank, ebenso der Süddeutschen Verlagsgesellschaft.

Rottenburg, 3. November 1988

+ F. J. Kuhnle

Franz Josef Kuhnle, Weihbischof
Diözesanadministrator

1923–1942

Blick auf die Pfarrkirche St. Martin in Leutkirch

»Ich bin Allgäuer. Wie sehr liebe ich die Voralpenlandschaft mit ihren leuchtend grünen Wiesen und Weiden, ihren dunklen Wäldern und sanften Hügeln, ihren klaren Bächen und Seen! Mit den Händen, mit der Nase, mit allen Sinnen erlebte ich die Heimaterde, wenn ich bei einem Onkel das Vieh hütete, wenn ich beim Heuen, auf dem Acker, im Stall half. Die großartige Silhouette der Alpen, die sich an klaren Tagen am Horizont abzeichnet, lockte uns Moserkinder oft in die Berge, zum Hochgrat und zum Falken, zum Rindalphorn und zum Hohen Hädrich. Auf einem Berggipfel ist mir zum ersten Mal die Herrlichkeit der Schöpfung ganz bewußt geworden.«

(Aus: Otto Heuschele [Hg.], Schwaben unter sich über sich, Frankfurt a. M., 1976, S. 136)

1923

Am 10. Juni 1923 wird Georg Moser als achtes von elf Kindern der Eheleute Alois Moser und Maria, geb. Miller, in Leutkirch geboren.

»Meine Haupterinnerung geht zurück an meine Eltern. Ich hatte einfache Eltern, aber gute Eltern. Und, wie Sie wissen, hatte ich zehn Geschwister. Zwei davon haben es vorgezogen, schleunigst in die Ewigkeit zu enteilen, um nicht auch noch unsere Zahl zu vergrößern. Aber neun davon, also neun von elfen, leben noch, und ich war Nummer acht.«
(Aus: Ansprache anläßlich einer Geburtstagsfeier [60. Geburtstag von Bischof Dr. Georg Moser], S. 4)

»Heimat ist mir das bunte und bewegte, zuweilen recht karge Leben im Kreis der Geschwister am Ende jener zwanziger Jahre mit ihrem Auf und Ab an Ereignissen. Die Notzeit nach dem Ersten Weltkrieg, Inflation und Arbeitslosigkeit, das beginnende Dritte Reich, der Widerstand überzeugter Christen gegen die nationalsozialistische Diktatur – all das lebt in meinen Erinnerungen fort. Dennoch: Ich habe Geborgenheit erfahren. Glaubensstarke Eltern, die lachen konnten, machten das Schwere für uns Kinder erträglich, ja, in gewissem Sinne unwesentlich. Wir fühlten uns wohl. Wir waren ›daheim‹.«
(Aus: Heuschele [s. o.], S. 135)

»Ich habe zunächst einmal Vertrauen gelernt. Nicht nur das gegenseitige Vertrauen zwischen den Geschwistern, sondern das Gottvertrauen, das sogenannte Grundvertrauen in das Leben überhaupt – das Urvertrauen, daß es gute Fügung und Führung gibt. Und dafür bin ich sehr, sehr dankbar, daß ich das erfahren durfte, schon als Kind und immer wieder aufs neue. Einmal, und das ist für mich sozusagen die Spitze gewesen, wo ich's am deutlichsten gemerkt habe, einmal war das so: Mein Vater arbeitete ja als Schmied. Und die Bauern haben ihre Rechnungen nicht immer so schnell bezahlt, wie es notwendig oder wünschenswert gewesen wäre, weil sie auch ihre Sorgen hatten. Und deshalb mußte man manchesmal lange warten, bis wieder ein größerer Rechnungsbetrag einging. Und dann wurde das Geld knapp, und bei uns gab's das nicht, daß man Schulden machte. Eines Tages waren nur noch zwanzig Mark im Haus, nicht viel für eine Familie mit neun Kindern. Den Geldschein hatte mein Vater nach der Frühmesse von einem Bauern bekommen und ihn in die Tasche gesteckt. Er besaß die löbliche Gepflogenheit, am Sonntag nach der Früh-

Auszug aus dem Taufregister

Familie Alois und Maria Moser

Leutkircher Schüler bei einem Festumzug

messe anstelle unserer Mutter den Kaffee zu kochen. Zu jener Zeit hatte man noch einen Herd, den man mit allem entbehrlichen Brennbaren fütterte. Unser Vater holte zum Anzünden Papiere aus seiner Tasche und warf aus Versehen auch den Zwanzigmarkschein ins Feuer. Und es folgte dann ein nicht sonderlich genußreiches Frühstück; das können Sie sich vorstellen. Beschwichtigend sagte der Vater: ›Ich habe oben noch fünf Mark. Die behalte ich immer als Reserve.‹ Er ging hinaus und kam mit fünf Mark zurück, indem er bemerkte: ›So, im Amt werd' ich die in den Klingelbeutel werfen. Gott wird weitersorgen.‹ Tiefes Schweigen in der Familie. An jenem Morgen wurde mir zum ersten Mal bewußt, daß es weitergeht, wenn man vertraut. Und eines der wichtigsten Worte, das ich von meinen vertrauenden Eltern übernommen habe, lautet: ›Gott macht keine Fehler.‹ Ein Wort, das einem bleibt, auch wenn man es gelegentlich mit Fragezeichen versieht.
Dazu kam, daß wir sozusagen als Geländer für den Tag regelmäßig miteinander beteten. Das Gebet war etwas, das wie selbstverständlich gewachsen war und weiterwuchs.«

(Aus: Ansprache [s. o.], S. 5/6)

»Als geistliche Heimat empfand ich die Pfarrkirche auf der Höhe unserer Stadt, eine ›Leutekirche‹, die dem Ort ihren Namen gegeben hat. In diese Kirche, dem heiligen Martin geweiht, trug man mich zur Taufe. Hier ging ich zur ersten Kommunion. Hier diente ich als Ministrant. In ihr empfing ich die Firmung. Und Sankt Martin wurde auch meine Primizkirche.«

(Aus: Heuschele [s. o.], S. 137)

Fronleichnams-Prozession

1930 Volksschule in Leutkirch

»Ich glaube, das war bei der Fronleichnamsprozession 1934, oder eher 1935; ich ging damals ganz vorne in der ersten Reihe unserer Ministranten. Später habe ich alle, die hier mit drauf sind, beim Theologiestudium wiedergetroffen. Gleich vier von diesen Fronleichnamsprozessionsministranten sind Priester geworden. Ob es das heute auch wieder geben könnte? Schön wär's!
Jeden Donnerstag früh war ich um Viertel vor sechs Uhr ›dran‹ zu ministrieren – Ihr lest ganz richtig, 5.45 Uhr. Bei beginnendem Tag im Frühjahr; im Sommer, wenn schon die Sonne aufgegangen war; in neblig trüben Herbsttagen, und bei Stocknächten im Winter. Und jedesmal hat meine Mutter mich treu begleitet. Eine wichtige Erfahrung.

Ich habe als Ministrant viele Menschen erlebt, die beteten – Leute, die ihre Freude vor Gott hintrugen, und solche, die mit großen Sorgen in die Kirche kamen und dort Kraft schöpften für ihr Leben. Ich erfuhr, was es heißt, beim Beten zu wachen – Nachtwache zu halten während der Ewigen Anbetung – die Knie taten weh – die Augen fielen vor Müdigkeit zu –, aber die Stille vor dem Allerheiligsten wurde fast selber zum Gebet. Auch wenn man als Ministrant noch keine großen Worte sagen kann – es war schon genug, das Bewußtsein zu haben: Hier ist mein Platz. Es war ein unausgesprochenes ›Herr, da bin ich‹.«

(Aus: Der Bischof an die Ministranten, 1984)

1934–1942
Oberschule in Leutkirch und Wangen

»Heimat sind mir die Freunde und Mitschüler, mit denen ich spielte und kämpfte, lernte und jedes Jahr das unvergeßliche Kinderfest feierte. Was gab es doch dort für herrliche Attraktionen! Förmlich eingekerbt in mein Gedächtnis ist das wilde Bubenspiel mit der Riesenkiste, durch deren vier Seitenlöcher die Mitspieler hineinspringen und durch das Dachloch wieder hinausklettern mußten. Wer zuerst durchs Dach stieg, war Sieger. Einmal fuhr mein Kopf zugleich mit dem eines Gefährten durchs Dachloch; wir blieben stecken, und unter unserem Jammergeheul und dem Johlen der Menge erfolgte die mühsame Prozedur der Befreiung. Zur Heimat gehören außer Mitschülern und Freunden aber auch die Lehrer. Ihre Wesenseigentümlichkeiten, ihre Gewohnheiten, ihre Verdienste sind mir noch in Einzelheiten gegenwärtig. Dankbar, erheitert und ein wenig gerührt gedenke ich ihrer, sooft ich mit Schulkameraden zusammenkomme und mich in der Rückschau ergehe.«

(Aus: Heuschele (s. o.), S. 136 f)

Schulkameraden

1933 Jahr der Machtergreifung

In der Auseinandersetzung mit der Ideologie des Nationalsozialismus verstärkt sich Georg Mosers Wunsch, Priester zu werden.

»Das war eigentlich schon früh mein Wunsch, natürlich war er mal stärker, mal schwächer. Aber ein Schlüsselerlebnis in dem Sinne, daß ich ein plötzliches und hervorragendes Erlebnis gehabt hätte, kann ich nicht benennen. Es war eher ein Werdeprozeß bis zur Entscheidung hin. Ich hatte damals neben dem Priesterberuf auch noch den des Arztes in Erwägung gezogen. Aber der Nationalsozialismus, der in meiner Jugendzeit an der Macht war, hat mich eigentlich dazu gebracht zu erkennen, daß die Menschen eine Orientierung brauchen, daß sie eine Botschaft brauchen, aus der sie leben können. Dies hat mich bewogen, Theologie zu studieren.«

(Aus einem Interview)

1942–1948

1942 Sommersemester

Beginn des Studiums der katholischen Theologie an der Eberhard-Karls-Universität in Tübingen.

»Ich bummle meine Zeit bis zum Semesterbeginn noch tüchtig, nachdem ich bisher streng eingespannt war. Habe zuerst einige Zeit an der Oberschule Wangen als Lehrer gewirkt, wurde dann aber aus dieser Stellung wieder entfernt, da der Herr Ortsgruppenleiter Einspruch dagegen erhob, daß ein katholischer Theologe, der also folglich ›aus dem staatsfeindlichen Lager komme‹, noch Unterricht erteile.«
(Aus: Brief an einen Freund)

Stocherkahnfahrt auf dem Neckar in Tübingen

1943
Georg Moser wird als Sanitätssoldat einberufen. Dienst in Ulm.

»Mein Schlüsselerlebnis für die Eigenentscheidung habe ich ungefähr drei Wochen vor dem Tod meiner Mutter gehabt, als ich sie an ihrem Krankenbett besuchen durfte. Ich war damals noch Soldat. Zögernd rückte ich mit der Frage heraus: ›Was meinst du, soll ich Pfarrer werden?‹ Lachend entgegnete meine Mutter: ›Das würde dir so passen, wenn ich jetzt sagen würde, du sollst Pfarrer werden. Dann hättest du immer die Möglichkeit zu sagen, meine sterbende Mutter wollte das. Du entscheidest! Ich entscheide gar nicht. Ich bete für dich, daß du den richtigen Weg findest, und du wirst entscheiden.‹

Kapelle im Wilhelmsstift

Ich war zuerst enttäuscht, hatte ich doch so eine Art Vermächtnis von meiner Mutter erwartet. Sie sollte mich noch ein bißchen in den geistlichen Stand hineinhieven. Doch je länger, desto mehr überzeugte mich ihre Antwort. Sie hat damit die richtige Erziehung zur Freiheit getroffen. Ich bin dankbar, daß ich eine solche Gewissensentscheidung gelernt habe. Hierzu möchte ich ein Wort von Duns Scotus anführen: ›Gott hat uns erschaffen, weil er wünscht, daß noch andere zusammen mit ihm die Liebe wagen.‹«

Das Weihnachtsfest 1943 ist das letzte, das Georg Moser mit seiner Mutter zusammen feiern kann.

Aus einem Brief:
                »Leutkirch, 20. Dezember 1943
Lieber Alfons!
Recht herzlichen Dank für Dein feines Paket, das mich wirklich sehr gefreut hat. Ebenso Dank für Deinen Brief. Sooo viel hätte ich Dir gar nicht zugetraut!
Sicher bist jetzt auch daheim und läßt Aristoteles und Plato hübsch in Ruhe, damit sie auch Feiertag haben. Ich habe ähnlich gehandelt: dem Kommiß das Gewehr und ähnliche Artikel für 14 Tage zurückgegeben. Was ich nie gedacht hatte, scheint wahr zu werden: daß ich Weihnachten und Neu-

> Ich bummle meine Zeit bis zum Semesterbeginn noch tüchtig, nachdem ich bisher streng eingespannt war. Habe zuerst einige Zeit an der Oberschule Wangen als Lehrer gewirkt, wurde dann aber aus dieser Stellung wieder entfernt, da der Herr Ortsgruppenleiter Einspruch dagegen erhob daß ein kath. Theologe "der also folglich aus dem staatsfeindlichen Lager komme," noch Unterricht erteile.

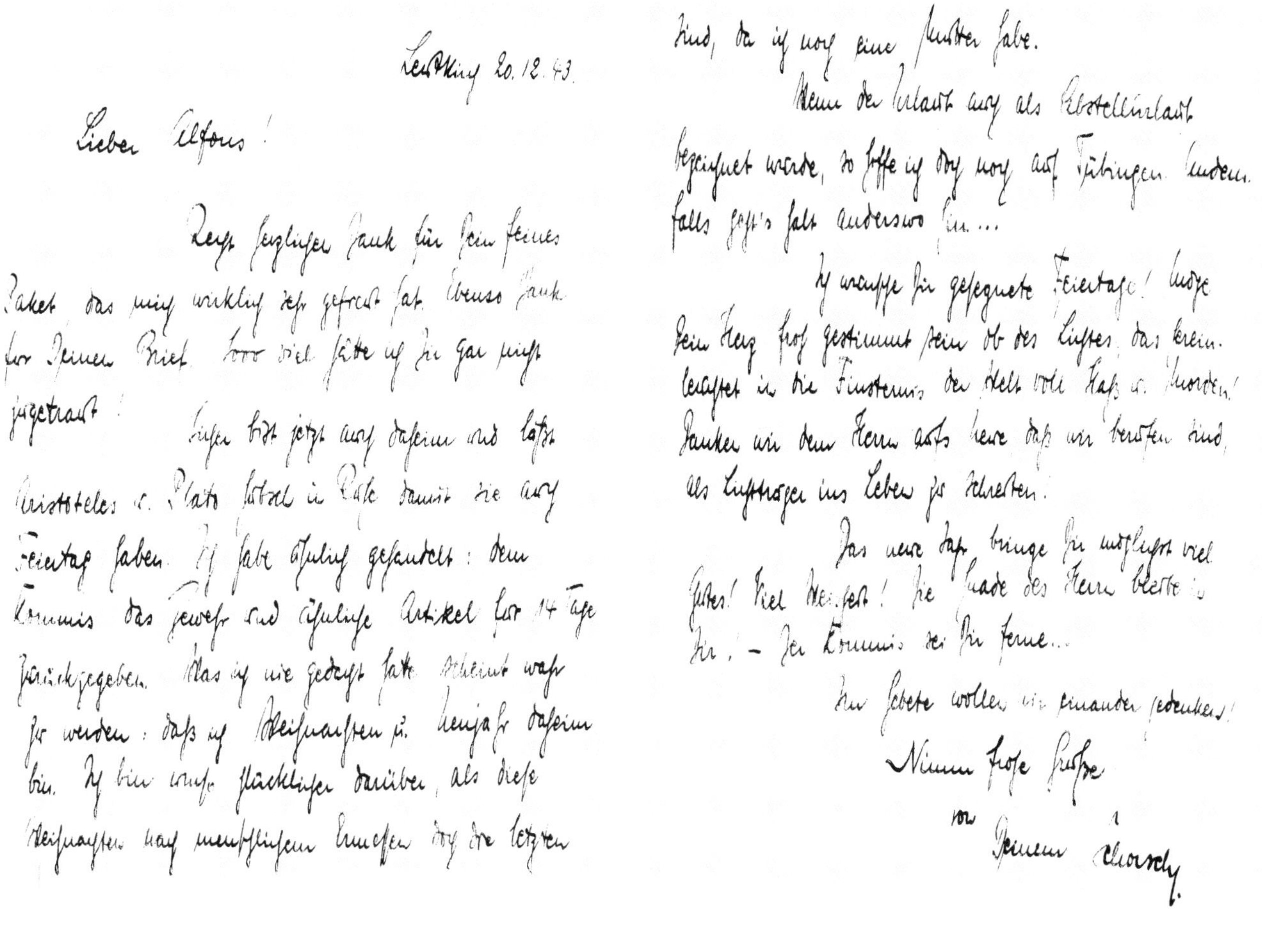

jahr daheim bin. Ich bin noch glücklicher darüber, als diese Weihnachten nach menschlichem Ermessen doch die letzten sind, da ich noch eine Mutter habe.
Wenn der Urlaub auch als Abstellurlaub bezeichnet wurde, so hoffe ich doch noch auf Tübingen. Andernfalls geht's halt anderswo hin ...
Ich wünsche Dir gesegnete Feiertage! Möge Dein Herz froh gestimmt sein ob des Lichtes, das hereinleuchtet in die Finsternis der Welt voll Haß und Morden! Danken wir dem Herrn aufs neue, daß wir berufen sind, als Lichtträger ins Leben zu schreiten!
Das neue Jahr bringe Dir möglichst viel Gutes. Viel Weisheit! Die Gnade des Herrn bleibe in Dir! – Der Kommiß sei dir ferne ...
Im Gebete wollen wir einander gedenken!

Nimm frohe Grüße
von
Deinem Schorsch«

»Die Weihnachtszeit des Kriegsjahres 1943 bleibt mir in besonderer Erinnerung. Damals gab es zwei Christbäume in unserem Elternhaus. Der eine, der größere, hatte den gewohnten Platz im Herrgottswinkel der Wohnstube. Der andere, ein kleines Bäumchen, stand auf dem Tischchen im elterlichen Schlafzimmer beim Bett unserer todkranken Mutter. Wir alle wußten: Dies ist ihr letztes Weihnachten auf Erden. Am Baum hingen neben dem bescheidenen Schmuck Bilder und Briefe der vier Söhne, die zum Teil in weiter Ferne als Soldaten dienten. Ich selbst konnte, da am Weihnachtsfest die Verheirateten den Vorzug hatten, erst am Nachmittag des Stephanstages von meiner in Ulm stationierten Sanitätskompanie Urlaub bekommen. So gab es daheim noch eine kleine Nachfeier, bei der die alten Lieder gesungen und die gleichen Gebete gesprochen wurden, die wir neun Geschwister von Kindheit an kannten und liebten. Unsere Krippe hatte auf der Rückseite ein Fensterchen. Das warme Licht, das durch das Fenster in den Stall fiel, warf den Schatten des Fensterkreuzes genau auf das Kind in der Krippe. Mich berührte das Ineinander von Krippe und Kreuz eigenartig. Nur wer beide zusammen sieht, erkennt den ganzen Weg des Heiles im Licht der Auferstehungsverheißung. Damals lag nicht nur das schmerzende Abschiednehmen von der guten Mutter über der weihnachtlichen Feier – ich spürte an jenem Abend in einer Intensität ohnegleichen, welch stiller Trost und welch aufrichtende Hoffnung gerade in der Bedrängnis durch die Weihnachtsbotschaft einem geschenkt werden kann. Als wir den Rosenkranz, vom freudenreichen bis zum glorreichen, miteinander am Bett der Mutter beteten, da ging der ganze Lebensweg dieser gläubigen Frau mit, wurde heller und lichter. Ich bin gewiß, daß dieses Licht sie auch wenige Tage später erfüllte, als sie still ihr Leben in Gottes Hand zurückgab.«
(Aus: Weihnachtsausgabe der Südwestpresse (Rottenburg), 1983)

1944
Die Mutter Georg Mosers stirbt am 16. Januar 1944.

Sterbebild der Mutter

1944/45 Wintersemester

Fortsetzung des Theologiestudiums trotz schwerer Krankheit.

»So habe ich Vertrauen gelernt, und ich brauchte es sehr bald, viel früher, als ich's erwartet hatte. Kurz vor dem Abitur wurde ich so krank, daß ich meinte, es gehe nicht mehr weiter mit meinem Leben. Als ich nach den ersten beiden Tübinger Semestern Militärdienst leistete, wurde ich noch im Jahr 1944 daraus entlassen mit dem zartfühlenden Hinweis des Oberfeldarztes im Feldlazarett: ›Gehen Sie heim zum Sterben. Jeder Pfennig, den Sie noch fürs Studium ausgeben, ist verlorenes Geld.‹ So kam ich nach Tübingen zurück und auch bald wieder ins Krankenhaus, wo ich wegen eines Nierenleidens für kurze Zeit erblindete. Und das war für mich als jungen Mann die eigentliche Probe, ob ich dieses Vertrauen durchhalte oder ob ich verzweifle. In der Zwischenzeit war meine Mutter gestorben. Die Zukunft schien verbaut; ich konnte nur noch auf Gott setzen. Vertrauen kann man ja nicht auf Beweise hin, sondern nur auf den hin, der einem das Vertrauen gewährt. Und so wagte ich auch meine Berufsentscheidung lediglich im Vertrauen.

Das Wagnis nimmt uns keiner ab. Diese Einsicht wurde noch vertieft durch die Tübinger Lehrer. Bei ihnen lernte ich, daß ich nicht glauben muß, sondern daß ich glauben darf; und daß der Glaube Glück bedeutet, daß er Befreiung, Kraft und Gnade schenkt und daß er Gelassenheit vermittelt.«

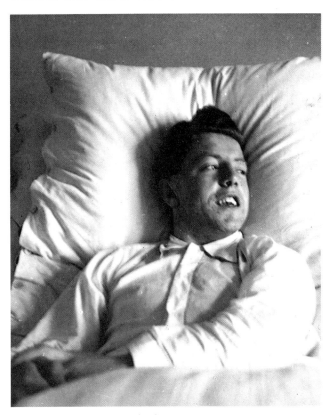

Trotz Krankheit froh – und zäh

»Bis September habe ich noch Urlaub. Bin amtlich (!!) Kriegsversehrter! (Kein Witz!). Also schon beinahe Ehrenbürger.«

1946/47 Wintersemester

Schlußexamen und Eintritt in das Priesterseminar in Rottenburg am Neckar.

»Lieber...
Die Exerzitien sind nach sieben Tagen, also am Dienstag, ausgegangen. Nun hat der Tageslauf allmählich Gelegenheit, sich einzuspielen. Die Zeit ist sehr ausgefüllt. Immer wieder bimmelt's. Gestern haben wir das erstemal unsere Plätze im Chorgestühl des hohen Domes eingenommen. Max war Thuriferar! Im übrigen gewöhnt man sich schon an vieles. Zum Beispiel die Kleidung. Am Anfang hätte ich ja lachen können! Morgens standen wir meist um halb sechs Uhr auf... Essen reicht. Ein andermal mehr. Dieser Brief hat kaum mehr Sinn, als... zu melden, daß ich noch lebe. Alles Gute und frohe Pfingsten!
Dein Schorsch«
(Aus: Brief an einen Freund)

Bild oben:
Im Hof des Rottenburger Priesterseminars

Bild unten:
Brief an einen Freund

1948

Am 19. März 1948 wird Georg Moser von Weihbischof Franz Josef Fischer im Dom zu Rottenburg zum Priester geweiht.

»Rottenburg, den 25. Februar 1948

Meine lieben Geschwister!
Nur noch wenige Wochen werden vergehen, bis der Tag anbricht, an dem der greise Weihbischof unserer Diözese in den Dom einziehen wird, um dort einer Anzahl junger Diakone das heilige Sakrament der Priesterweihe zu spenden. Unter den Alumnen, die sich vor dem Altar des Herrn zu Boden werfen, um die Gnade des Allmächtigen herabzurufen, werde auch ich sein dürfen. In feierlicher Stille werden auch auf meinem Haupte die Hände des Oberhirten ruhen: Der Herr wird mich für immer und ewig einreihen in die Zahl seiner Priester. Dann werde ich zum ersten Mal die gesalbten Hände ausstrecken und Gottes Segen auch auf Euch herabrufen dürfen. Und am Ostermontag werde ich das heilige Meßopfer in unserer Heimatkirche feiern dürfen und mein Herz wird aufjubeln in dankerfülltem Alleluja. Ihr werdet den Leib des Herrn aus meiner Hand empfangen und in Ihm werden wir einen herrlichen Freudentag erleben dürfen.

Wahrhaftig, meine Lieben, wir dürfen uns von Herzen freuen, daß diese heiligen Tage so nah sind. Und es ist mir ein herzlicher Wunsch, aus diesem Anlaß an Euch diese Worte zu richten, werdet Ihr doch sicherlich zu jenen gehören, deren Herz mit dem meinen mitschwingt und deren ›Großer Gott‹ am Primiztag froh mitklingt ...

Am Primiztag mit Freund Alfons Auer, der die Predigt hielt

Es wäre mir nur allzu verständlich, wenn in diesen Tagen eines sagen würde: Der hat's auch nicht verdient, am Altare stehen zu dürfen. Denn es ist wahr: Ich habe es nicht verdient. Daß ich Priester werden darf, das ist Gnade, reine Gnade! Mit dem Apostel Paulus bekenne ich es gerne: ›Durch die Gnade Gottes bin ich, was ich bin.‹ Nicht eigene Tugend oder Begabung oder Leistung haben mich hierher geführt, sondern allein die gütige Hand des barmherzigen Gottes. Aber als ich mich endgültig entschied, mich dem Dienste Gottes in seiner heiligen Kirche hinzugeben, da glaubte ich dem Rufe des Christkönigs zu folgen. Er kann rufen wen er will. Armselige schwache Werkzeuge wählt er sich aus und es gilt von ihnen sein Wort: ›Meine Kraft ist in den Schwachen mächtig.‹ Nicht auf die persönliche Würde des Berufenen kommt es an, sondern auf den Willen dessen, der uns beruft. Und so setze ich mein ganzes Vertrauen auf ihn, dem ich mich mit Leib und Seele geweiht habe. Ich weiß sehr wohl, daß auf mich kein schönes Leben wartet, denn die Vorstellung, ein Priester habe es schön, ist falsch – besonders heute. Ich will aber auch kein bequemes und rosiges Leben hinter mich bringen. Was ich will, das ist einzig und allein der Dienst für Gott und Gottes Reich. Ihm soll mein Dasein restlos verschrieben sein, der es mir gegeben hat. Und wenn ich sage, daß ich seinem Reich dienen möchte, dann meine ich damit meine Mitmenschen, denen ich als ›Verwalter der Geheimnisse Gottes‹ die heiligen Sakramente der Liebe Gottes spenden und die frohe Botschaft vom Vater im Himmel, von der Erlösung und dem Weg des Heiles künden möchte. Die Menschen unserer Zeit verstehen diese Botschaft vielfach nicht mehr, sie sehen in der Kirche eine herrschsüchtige und politische Geistesmacht und so ist es nicht verwunderlich, daß ihre Priester gehaßt und verfolgt werden. Und trotzdem – wenn ich nur einem einzigen Menschen ›das Licht der Welt‹, das heißt Christus und das ewige Heil, zeigen darf, dann lohnt es sich, daß ich geboren bin und diesen Weg gehe. Denn eine einzige Menschenseele ist mehr wert als die ganze sichtbare Welt. Diesen Menschen aber will ich mich schenken. Ich sage das nur deshalb, damit Ihr wenigstens das eine wissen sollt: Ich habe mich in voller Freiheit der Kirche zur Verfügung gestellt und tat dies in einer reinen und guten Absicht.

Primizsegen

Auf ein Primizbildchen wird das Apostelwort gedruckt werden, das ich mir zu eigen gemacht habe: ›Wir wollen euren Glauben nicht beherrschen, sondern euch zur Freude verhelfen.‹ Die Menschen sind so belastet von Sorge, Angst, Not und Tod, Leid und Ausweglosigkeit, daß sie nichts notwendiger brauchen, als die frohe Botschaft unseres Heilandes, der ihnen nichts anderes bringen will als Heil und Trost und ewiges Leben. Für diesen Glauben zu leben, zu kämpfen, zu opfern und zu sterben: Das ist meine Botschaft. Wiederum möchte ich mit dem heiligen Paulus sagen: ›Ich bilde mir nicht ein, es schon erreicht zu haben. Eines aber tue ich: Ich vergesse, was hinter mir liegt und strecke mich nach dem, was vor mir liegt. Das Ziel im Auge, jage ich dem Kampfpreis nach: Der Berufung von droben, von Gott durch Jesus Christus.‹

Meine lieben Geschwister: So darf ich mich denn dem Weihealtar und dem Primizaltar nahen, um die Fülle reicher Gnade in meine Seele strömen zu lassen. Ich tue es in dem Bewußtsein, daß ich ein schwacher, sündiger Mensch bin, dem nur der Ruf des Himmels das Recht gibt, das Gewand des Priesters zu tragen. Ich tue es aber auch in dem Bewußtsein, daß ich ein erlöster Christ bin und daß meine ganze Liebe nur Ihm gehört, dem König Himmels und der Erde. Deshalb darf ich jubelnd beten: Zum Altare Gottes will ich treten, zu Gott, der meine Jugend erfreut. Zwar darf in diesem Staffelgebet das Confiteor, das Bekenntnis von Schuld und Sünde nicht fehlen, aber kurz darauf werde ich das Gloria anstimmen dürfen. Stimmet ein und freut Euch mit, gebt Ihm die Ehre, dem sie allezeit gebührt: Dem Vater und dem Sohne und dem Heiligen Geiste! . . .«

Hoch preiset meine Seele den Herrn; denn Großes hat an mir getan der Mächtige, dessen Name heilig ist.

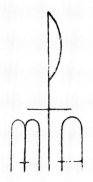

Andenken an mein
Erstes hl. Meßopfer
am Ostermontag 1948
in Leutkirch
Georg Moser
†

Maria, breit den Mantel aus,
Mach uns ein Schirm und Schild daraus!
Laß uns darunter sicher stehn,
Bis alle Stürm vorübergehn!

1948–1953

1948–1950

Georg Moser beginnt seinen priesterlichen Dienst in Ludwigsburg, Hl. Dreifaltigkeit. Von Juni 1948 bis Mai 1950 ist er Vikar in Stuttgart, St. Georg.

Aus Predigten des Vikars:

Neujahr 1950
»Es ist jedesmal wieder ein besonderes Gefühl und eine eigenartige Spannung, die einen beim Übertreten der Schwelle des neuen Jahres erfüllt. Und es kommt nicht von ungefähr, wenn so manche Frage aufsteigt und die guten Wünsche laut werden. Man ist voll von allen möglichen Erwartungen und weiß doch im Grunde genommen, daß es gar nicht so gut gehen wird, wie die vielen guten Wünsche es haben möchten. Ja, an solchen Tagen offenbart sich eine stets vorhandene Wesensart des menschlichen Daseins in besonderer Deutlichkeit, es offenbart sich die Zeitlichkeit des Menschen und alle Fragwürdigkeit, Brüchigkeit, Bedrückung und Unsicherheit, die damit zusammenhängt. Der Mensch findet sich allein mit einer ihm im Grunde fremden Welt, die ihm unheimlich oder gar feindlich entgegentritt. Er weiß, daß er vielem nicht standhalten wird, was ihm neu und aufs neue begegnen wird. Er weiß, daß manches sich morgen als törichte Illusion erweisen wird, was er heute noch zuversichtlich erhofft. Er spürt, daß ihn zwar manches erfreuen und erheben wird, dahinter aber sieht er die dunklen Schatten jener gespenstischen Wirklichkeit, die ihn vielleicht

Das junge »Vikärle«

tödlich treffen können. Wir wollen nicht schwarzmalen, aber ist es denn nicht so, daß wir hinter allen berechtigten Sorgen insgeheim eine schlimme Angst mit in das neue Jahr hereintragen? Ein jeder trägt diese beklemmende Ungewißheit in sich und keiner wird sie los werden, denn sie gehört zum Menschen in der Zeitlichkeit, vor allem in der geschichtlichen Stunde, in welche Gott uns gestellt hat. Freilich leben neben dieser Angst vielfältige Hoffnungen – sonst wären wir ja alle Verzweifelnde. Jedenfalls aber wird gerade an Tagen wie am heutigen mehr das erlebt, wovon die Philosophen reden: Die Geworfenheit des Menschen, der sich in diesem Dasein nie ganz wohlfühlt, mag er nach außen das auch verleugnen . . . Aber seht, meine lieben Christen, das ist nicht die einzige Offenbarung, die am Jahresbeginn laut wird. Darüber gibt es eine andere, größere, frohere und verheißungsvollere. Es ist die Offenbarung unseres Vaters im Himmel, der uns in diesem Jahr begleiten möchte. Und welches war seine Botschaft, als wir heute in den Raum des heiligen Opfers getreten sind? Wie frohlockend und jubelnd klang es uns entgegen: ›Ein Kind ist uns geboren, ein Sohn ist uns geschenkt; auf seinen Schultern ruhet die Weltherrschaft!‹, und im Graduale klang es weiter: ›Alle Länder der Erde schauen das Heil unseres Gottes. Drum jauchzet Gott, ihr alle Lande. Der Herr hat kundgetan sein Heil. Er offenbarte Seine Gnade vor den Augen der Völker.‹ . . . Mag uns die zeitlich vergängliche Wirklichkeit nun bringen, was sie wolle, wenn wir auf dieser zeitlos ewigen Wirklichkeit der Offenbarung von Gottes Liebe gründen, dann brauchen wir uns nicht ängstigen und nie zu verzagen. Wir dürfen auch in dem wirren Durcheinander dieses Lebens, das uns in Ohnmacht pressen will, auf die Macht der Liebe Gottes vertrauen. In solcher übernatürlicher Verankerung unseres Lebens werden wir immer wieder neue innere Kraft gewinnen, um

Fronleichnams-Prozession in Stuttgart St. Georg um 1950

trotz unserer Schwachheit nie zu unterliegen. Das ist ja des Christen Sicherheit und Festigkeit inmitten aller Sorgen, daß er weiß, Gott hat uns die Versicherung seiner Liebe gegeben, ja ›so sehr hat Gott die Welt geliebt, daß Er seinen eingeborenen Sohn für sie dahingab‹. Kann es in der Unsicherheit des Augenblicks einen tieferen Besitz geben als diese aus der Ewigkeit geschenkte Freiheit der Kinder Gottes! . . .«

Predigt auf den Sonntag Septuagesima
(5. Februar 1950)
». . . Schlafet nicht ein! Der Schlaf kann eine Wohltat, kann aber auch ein Verbrechen sein, dann nämlich, wenn man die wichtigsten Entscheidungen verschläft. Nun ist gerade jetzt eine solche Zeit der Entscheidung. Das geistige Gähnen der Christenheit aber ist unüberhörbar. Eine Jugendzeitschrift nannte die Schläfrigkeit der Christen den Weltfeind Nr. 1. Es geschah mit Recht, weil der Böse eben nicht schläft. Das war schon immer eine Gefahr: Als die Apostel schliefen, da war Judas zum Verräter unterwegs. Wer ein Christ sein will, der darf nicht die Augen verschließen und schlummern, während die anderen eifrig am Werk sind. ›Nicht den Schlafenden, sondern den Eifrigen gehört das Reich Gottes‹, sagt ein Heiliger. Und ein anderer ruft: ›Wer an das Reich Gottes denkt, der muß unruhig werden.‹ Wer heute ein Christ sein will, der darf sich nicht den Vorgängen in Politik und Kultur verschließen, sonst stimmt ja jener Satz, den sie kürzlich irgendwo als einen Entschließungspunkt führender Persönlichkeiten festlegten: Religion spielt im öffentlichen Leben keine Rolle mehr. Kein Wettläufer geht auf die Rennbahn und legt sich zu einem Schläfchen nieder – genauso wenig ein wirklicher Christ in dem Wettlauf um den Sieg Christi in sich selbst und seiner Mit- und Umwelt . . .«

Portal der St.-Georgs-Kirche, Stuttgart

Allerseelenpredigt 1949

»... Erfülle Deine Todesstunde!
Unser Sterben soll dereinst ein menschen- und christenwürdiges Sterben sein. Es darf nicht ein Erlöschen, ein Abhandenkommen oder dumpfes Verenden sein, sondern ein bewußtes und freudiges Hingehen zu Gott. Hinter dem Wunsch, daß es kurz und schmerzlos gehen soll, steht eine feige Angst und eine völlig falsche Schau des Todes. Das Sterben ist für uns die letzte Möglichkeit eines totalen Gottesdienstes. Unser Tod soll nicht als ein Erleiden über uns kommen, sondern unsere letzte große Tat werden. Das Sterben ist die Tat, daß der Mensch sein ganzes Wesen und all sein Leben zurücklegt in die Hand des Schöpfers. Hier empfängt die Persönlichkeit die letzte Vollendung und Durchformung. Alles Vorhergegangene soll in dieser Stunde in den endgültigen Sinn gehoben und in die Garbe der Ernte gesammelt werden. Alles Zufällige und Unwesentliche soll da abgeschüttelt werden: Durch das Erleben aber, das Ewigkeitshaltung war, soll sich das endgültige, geistige Gesicht formen, das der Mensch mit hinübernimmt vor den Thron des göttlichen Richters. Wie groß diese Tat im Tode ist, das haben sicher schon viele unter uns vom verklärten und majestätischen Antlitz eines Toten ablesen dürfen. So, meine Lieben, ist das Sterben nicht Katastrophe, sondern Vollzug letzter, persönlicher Freiheit. Was aber den Schmerz und die Bitterkeit des Todes angeht, so nimmt sie der Christ als Reinigungsopfer an und hört im Sterbegebet den Befehl: ›Durch deinen Tod sollst du die Schuld der menschlichen Natur bezahlen und zu deinem Schöpfer zurückkehren, der dich aus Staub gebildet hat.‹ So bejaht denn der Christ in Freiheit den Tod als die Heimkehr zum Vater und stellt sich im Tode neben Christus und spricht mit IHM sein persönliches: ›Es ist vollbracht!‹ ...

Mit jungen Leuten im Gespräch

Deshalb lasset uns mit dem Gebete schließen, das der heilige Augustinus an den Schluß seiner Bekenntnisse gestellt hat:
›Herr, Gott, gib uns allen, den Toten und den Lebenden, den Frieden. Gib uns allen den Frieden ewiger Ruhe, den Sabbatfrieden, den Frieden ohne Abend.
Denn alle diese Dinge, so gut sie in ihrer herrlich schönen Ordnung, sie werden vergehen, wenn ihr Werk getan ist. Wie sie einen Morgen hatten, so werden sie auch einen Abend haben.
Der Tag deines Friedens aber ist ohne Abend.
Seine Sonne geht nicht unter, denn du hast ihn geheiligt, auf daß Er ewig bleibe. Herr, gib uns allen, den Lebenden und den Toten, deinen Frieden ohne Ende.
Amen.‹«

Georg Moser   Stuttgart-N, den 15.März 1950
Heilbronnerstraße 135

Liebe Freunde!

Am Fest des hl.Josef sind zwei Jahre seit dem denkwürdigen Tage vergangen, da wir die Gnade des Priestertums empfangen durften. Es ist mir eine angenehme Aufgabe, Euch auf diesen Gedenktag ein paar Worte sagen zu dürfen...

Die zweite Antwort: wir sollten A u g e n und O h r e n b e s - s e r a u f m a c h e n !
Was ich damit meine? Die Christen beklagen sich oft, unsere Predigt sei zu wenig wirklichkeitsnahe. Was der Priester sagt, das trifft wohl auf eine Wirklichkeit, oftmals aber nicht auf jene, in der die Menschen tatsächlich leben. Vieles von unserer sogenannten Bildung hat uns verbildet. Wir sind in Gefahr, das Leben nicht so zu kennen, wie es tatsächlich ist. Erliegen wir dieser Gefahr, dann geht unsere Predigt nicht nur über die Köpfe hinweg, sondern - was noch viel schlimmer ist - an den Herzen vorbei...

Am Lehrstuhl gelehrter Herren haben wir viel gelernt. Nun müssen wir das Ohr am Herzen des Volkes haben. Nicht als ob uns heute als sogenannten "Praktikern" die Theorie oder gar Theologie egal sein könnte, nicht als ob wir nicht offen sein sollten für die Probleme der Wissenschaft - aber wir können alles Gelernte nur dann recht verwerten und an den Mann bringen, wenn wir des Volkes Empfinden teilen, sein Leben kennen und soweit als möglich in seine Nöte eingehen. Anders werden wir fremd und leben in einem eigenen Reich. Warum fürchtet der Arbeiter den Priester? Weil der Priester ihn nicht recht versteht und ihm manchmal mit fertigen Lösungen kommt, die gar nicht zu seinen lebendigen Fragen passen. Wir dürfen nicht einem Arzt gleichen, der behandeln will, ohne vorher eine eingehende Diagnose gestellt zu haben. Wie oft werden heute vom Priester Menschen "abgefertigt", weil er angeblich keine Zeit hat, sie anzuhören. Unser H.H.Bischof sagte mir kürzlich, hierin würden nach seiner Ansicht gerade heute viele Fehler gemacht werden.

Warum gelten wir für viele eher als "Menschenfresser" denn als Menschenfreunde? Weil so viel priesterliches Raten und Helfenwollen von oben herabkommt anstatt von dem lebendigen Kontakt mit denen zu zeugen, für die wir doch eigentlich da sind.
Hüten wir uns aber andererseits auch vor einer "künstlichen Popularität", wie sie manchmal bei Geistlichen zu finden ist. Ich meine damit: der Priester darf nicht nur so tun, als ob er sich der Fragen und Nöte des Menschen annehme. Es muß ihn in der Tiefe beschäftigen, was er da hört und sieht. Der Gläubige ist ja nicht nur "Objekt" unserer Seelsorge, er ist unser Bruder, der uns g a n z interessieren muß.

Damit, meine lieben Mitbrüder, will ich Schluß machen. Ich wünsche Euch Gottes Segen, den Schutz Unserer Lieben Frau und die Fürsprache der uns im Seminar so lieb gewordenen hl.Theresia! Gehen wir den "kleinen Weg" mit großem Vertrauen und nicht endender Liebe!

Am Fest des Heiligen Joseph wollen wir alle füreinander das heilige Opfer darbringen, wie wir's uns versprochen haben.

                               Mit frohem "Jubiläumsgruß"

                                  bleibe ich

                                    Euer

1950–1953

Georg Moser wird Präfekt am Josephinum in Ehingen

Predigt auf das Herz-Jesu-Fest 1951
»Christus selbst hat Fleisch und Blut angenommen und hat ein Herz im Leib getragen, um es uns ganz deutlich und handgreiflich zu künden: Gott hat ein Herz für seine Menschenkinder. Schaut, dieses unser Leben ist in Wirklichkeit eben kein Festesrummel und kein dauernder Jahrmarkt mit Tingel-Tangel und Freude allein. Es hat einen sehr ernst zu nehmenden Hintergrund der Vergänglichkeit, der Verantwortung und der Enttäuschung. In jenem Paris, von dessen Lichtwirbel wir sprachen, da gibt es auch Tausende und Abertausende von Sorgenden, von Kranken, Einsamen, Verstoßenen und Armen. Und jene, die heute noch lachen – vielleicht werden sie morgen schon klagen und das Wort vom Jammertal nicht mehr übertrieben finden. Einmal, vielleicht aber auch hundert- oder tausendmal kommt die Stunde, wo sich dem Menschen das wahre Antlitz dieses Lebens entschleiert, wo er zittert vor dem Ungeheuer eines hereinbrechenden Schicksals, wo er nach dem Sinn seines Lebens fragt und wo er Hilfe rufend nach Gott sucht. Ihr Jungen und Mädchen, denket jetzt nicht, das hat bei mir noch lange Zeit. Ich bin erst stark drei Jahre Priester, aber ich könnte es euch nicht mehr sagen, wie oft auch junge Menschen mir sagten, wenn ich heute mit dem Leben Schluß machen dürfte, ich würde es tun. Seht: Weil Gott weiß um alle Einsamkeit und alles Nicht-Verstandenwerden, um alles Ringen, Fallen und Aufstehen und weil dieser Gott weiß um unseren kleinen und schwachen Glauben, deshalb hat er ein Menschenleben auf dieser unserer Welt verlebt. Wir sollten es ganz bestimmt glauben können: Gott hat ein Herz für uns. Wir sagen oft: Was einer

Im Ehinger »Kasten«

nicht am eigenen Leib erlebt hat, das kann er auch nicht verstehen. Damit wir nie sagen könnten: Gott versteht uns nicht und weiß nicht, wie es einem Menschen ums Herz ist, deshalb ist sein Sohn in ein Menschenleben eingegangen mit frohen Stunden und noch mehr mit leidvollen Stunden, mit harter Arbeit und Hunger und Durst, mit Mutterliebe und Freundschaft, aber auch mit Heimatlosigkeit und Tränen und schließlich mit Todesnot und Gottverlassenheit: Mit all dem, was ein Menschenleben ausmacht.

Ja, noch mehr: Gott will uns durch das heiligste Herz Jesu nicht nur zeigen, daß er ein Herz hat für uns, sondern wir dürfen auch die tiefste Seite seiner Schönheit und Liebe im Herzen Jesu sehen . . .«

Hoher Besuch im Konvikt: Bischof Dr. Carl Joseph Leiprecht
Der Präfekt Georg Moser mit den Buben
Freude am Basteln

Präfekt Georg Moser
Ehingen a.D./Josephinum

Ehingen, den 16.5.56

An das Hochwürdigste
Bischöfliche Ordinariat

Rottenburg a.N.

Betr.: Fahrt-und Frachtkosten
bei Umzug

Ich melde hiermit meine Fahrt-und Frachtkosten für meinen Umzug von Stuttgart, St.Georg nach Ehingen an, wo ich nun als Präfekt im Josephinum eingesetzt bin. Dieselben betragen
17.-DM

Für zukünftige Überweisungen habe ich hier an der Kreissparkasse Ehingen ein Giro-Konto Nr.2242 eröffnet.
Ferner bitte ich, die Gehaltsunterlagen hierher übersenden zu wollen.

Präfekt Moser

1953–1960

Im Januar 1953 wird Georg Moser Studentenseelsorger in Tübingen, ab 1. November 1954 erhält er den Titel Studentenpfarrer. Von 1959–1960 ist er Vertragslehrer für katholische Religionslehre an den Tübinger Gymnasien und während der ganzen Tübinger Zeit Fachlehrer am Staatlichen Seminar für Studienreferendare. Gleichsam nebenher entsteht die umfangreiche, von F. X. Arnold betreute Dissertation »Die Eschatologie in der katechistischen Unterweisung« (gedruckt unter dem Titel »Die Botschaft von der Vollendung«, Düsseldorf 1963), »heute noch ein wichtiges Dokument für die schon hier anhebende, lebenslange Bemühung um Vermittlung zwischen Theorie und Praxis, Theologie und Pastoral«.

(Aus: Bischof Dr. Karl Lehmann,
Predigt beim Pontifikalrequiem ... 17. Mai 1988.)

Die »Hügelei« in Tübingen,
Sitz des Studentenpfarrers

»Katholische Studentenseelsorge der Universität Tübingen
Tübingen, 23. Oktober 1956
Neckarhalde 64, Fernruf 32 34

Hochwürdigster, sehr verehrter Herr Domdekan!
Vor einiger Zeit haben Sie mir mit der tröstlichen Bemerkung Mut gemacht: ›Wenn mal etwas ist, dann wenden Sie sich ruhig an mich.‹ Nun bin ich in einer Situation, da ich mich vertrauensvoll und höflichst bittend an Ew. Gnaden wenden möchte. Es handelt sich – Sie werden es sich ja denken – um eine finanzielle Bedrängnis. Ich bin in einen notvollen Engpaß geraten: Nachdem es mit den zur Verfügung stehenden Mitteln gerade noch möglich gewesen war, die einlaufenden Rechnungen des Sommersemesters zu bezahlen, kam nun noch eine Lebensmittelrechnung von nahezu 3000,– DM. Ich sehe mich leider nicht imstande, diese Rechnung zu bezahlen, wenigstens nicht ganz. Um nicht mit Schulden ins neue Semester gehen zu müssen, sollte ich einen Betrag von ca. 1800,– DM haben und weiß nicht, woher ihn bekommen.
Nach Rücksprache mit ... erlaube ich mir, Ew. Gnaden darum zu bitten, für die Studentenküche diesen Zuschuß doch gewähren zu wollen. Zweifellos ist ja unsere Studentenküche auch eine karitative Einrichtung. Wir verlangen für das Essen 60 Pfennig und helfen damit vielen Studenten, ihr Studium leichter zu finanzieren.
Ich weiß sehr wohl, sehr verehrter Herr Domdekan, daß eine solche Bitte leicht ausgesprochen ist, aber nur schwer erfüllt werden kann. Wie gerne würde ich von einem solchen Brief absehen, aber die insgesamt für die Studentenseelsorge zur Verfügung stehenden Gelder sind einfach zu knapp, um das in der Küche jedes Semester entstehende Defizit auszugleichen.

Fastnacht

Vor einigen Tagen habe ich mit Sr. Exzellenz, dem Hochwürdigsten Bischof, über die finanzielle Lage der Studentengemeinde gesprochen und auch dort mein Leid geklagt. Exzellenz hat mich gütigerweise aufgefordert, um eine neue Festsetzung des Etats einzugeben. Aber da werde ich ja vorläufig bis zum Beginn des neuen Rechnungsjahres nichts erwarten dürfen.
Ich wäre Ihnen sehr dankbar, wenn Sie mir helfen würden, soweit Sie dazu in der Lage sind. Vielleicht läßt sich doch auch von der Sammelkollekte für diesen Zweck noch etwas abzweigen.
Auf jeden Fall danke ich Ew. Gnaden sehr herzlich für eine freundliche Aufnahme dieses Briefes wie für alle Bemühungen.

Mit ehrfurchtsvollem Gruß
Ihr
Georg Moser«

Gemeinschaften in der Studentengemeinde

KStV Alamannia im KV:
Norbert Schneider, stud. iur., Biesingerstraße 15, Postfach 514

KStV Rechberg im KV:
Siegbert Burkard, cand. iur., Johannesweg 12, Postfach 501

AV Guestfalia im CV:
Bruno Hesse, stud. phil., Stauffenbergstraße 25

AV Cheruskia im CV:
Rolf Keller, stud. iur., Osterberg (Cheruskerhaus)

WKStV Unitas-Markomannia:
Michael Schierling, stud. phil., Stauffenbergstr. 34

Neudeutscher Hochschulring:
Eckart Schraven, stud. rer. nat., Paulinenstraße 11

Ackermann-Gemeinde:
Wolfgang Beschließer, cand. med., Hechingerstr. 45

Christophorus:
(Studenten und Studentinnen)
Eugen Weckerle, stud. theol., Paulinstraße 11
Elisabeth Bienert, stud. phil., Katharinenstraße 32

Heliand-Studentinnenkreis:
Ursula Jörges, stud. phil., Gartenstraße 53

Rottenburger Arbeitskreis:
(für in Rottenburg wohnende Studierende)
Jeden Donnerstag, 20.15 Uhr, bei St. Moritz in Rottenburg.
Leitung: Domkapitular Dr. Hufnagel.

Vertrauensstudenten

Josef Wohlfahrt, stud. phil., Zwerenbühlstraße 20
Karl Häring, stud. theol., Derendingerstraße 73
Christa Bänsch, stud. phil., Windfeldstraße 6
Marianne Schunk, stud. rer. nat., Mörikestraße 12

Studentenpfarrer

Georg Moser,
Neckarhalde 64 - Ruf 3234

Sprechstunden:
Montag und Freitag von 14 bis 15 Uhr.
Mittwoch und Samstag von 11 bis 12 Uhr.
Jeweils in Neckarhalde 64.

Beichtgelegenheit:
Samstag von 16.30 bis 18.30 Uhr in der Stadtpfarrkirche St. Johann.
Auf Wunsch zu jeder anderen Zeit.

Hinweise

Wer im **Nebenfach kath. Theologie** studiert, möge dies bis 15. November schriftlich dem Studentenpfarrer mitteilen.

Index-Erlaubnis kann bei Bedarf durch den Studentenpfarrer vermittelt werden.

Die **Kath. Deutsche Studenten-Einigung (KDSE)** ist Bewegung und Zusammenschluß aller kath. Studierenden Deutschlands. Sie ist als solche von der Fuldaer Bischofs-Konferenz anerkannt und wird von den studentischen Verbänden verantwortlich mitgetragen. Das Sekretariat der KDSE befindet sich in Bonn, Koblenzerstraße 65.

Die Aufgaben der Studentengemeinde sind mit erheblichen **Unkosten** verbunden. Bitte, helfen Sie mit, indem Sie einen Betrag von 1.— DM pro Semester (in Münzgasse 7 an die Vertrauensstudenten) entrichten.

Weitere Einzelheiten entnehmen Sie bitte unseren Bekanntmachungen an den Anschlagtafeln.

KATHOLISCHE STUDENTENGEMEINDE TÜBINGEN

WINTERSEMESTER 1956/57

Müller & Bass, Tübingen, Eugenstr. 40

Liebe Studentinnen und Studenten!

„Ihr lebt in einer materialistischen Welt. Bezeichnend für sie ist, daß das Religiöse gering im Kurs steht. Man opfert wenig oder nichts dafür, opfert es selbst aber leichten Sinnes für jeden Diesseitswert. Kehrt das Verhältnis um! Setzt wieder Gott an die erste Stelle und laßt Euch den Dienst Gottes, Euren heiligen Glauben etwas kosten!"

Mit diesen Worten von Papst Pius XII. heiße ich Sie herzlich in Tübingen willkommen und lade Sie ein, am Leben und den Veranstaltungen der Studentengemeinde teilzunehmen.

Gerne stehe ich Ihnen mit Rat und Tat zur Verfügung und werde mich freuen, viele von Ihnen kennenzulernen.

Ihr Georg Moser
Studentenpfarrer

Gottesdienste

Semester-Eröffnungsgottesdienst:
Sonntag, den 4. November, 9.30 Uhr in der Stadtpfarrkirche St. Johann.

Sonntags-Gottesdienste:
In der Pfleghofkapelle, jeweils 8.30 Uhr.
In St. Johann, jeweils 11.00 Uhr.

Wöchentliche Gemeinschaftsmesse:
Mittwoch, 7.00 Uhr in der Pfleghofkapelle.

Wöchentliche Andacht:
Montag, 19.45 Uhr in der Hauskapelle Neckarhalde 64.

Meditation und Komplet:
Samstag, 18.45 Uhr in der Pfleghofkapelle.

Semester Schlußgottesdienst:
Dienstag, den 26. Februar, 20.15 Uhr in St. Johann.

Bildungsarbeit

Glaubensschule:
„Die Frohbotschaft vom sakramentalen Leben."
Jeden Montag (außer an den für besondere Vorträge belegten Montag-Abenden), 20.15 Uhr im Berghaus Hügel, Neckarhalde 64.
Erstmals: 12. November 1956.

Bibelabende:
Einführung in die Schriftlesung.
Text: Die Paulus-Briefe an Timotheus.
An folgenden Freitag-Abenden, 20.15 Uhr in Neckarhalde 64: 9. 11. - 23. 11. - 7. 12. - 14. 12. - 11. 1. - 25. 1. - 8. 2. - 15. 2.

Medizinisch-Theologischer Arbeitskreis:
Leitung: Dr. med. G. Jung und Studentenpfarrer.
Termine werden durch Anschlag bekanntgegeben.
Erstmals: 14. November, 20.15 Uhr in Neckarhalde 64. In Kurzreferaten und Diskussionen werden *Grenzfragen der Medizin* behandelt.

Werkwochen:
a) „Unsere Stellung zum öffentlichen Leben"
3. - 6. Januar 1957, in Bad Dürkheim.
b) „Der dialektische Materialismus"
27. Februar bis 5. März 1957, in Berlin.
(Bitte zeitige Anmeldung. Niedrige Kosten.)

Vortragsabende in der Universität

Dr. Anton Böhm, Köln,
„Existenzgewohnheiten des Menschen in der technischen Welt."
Montag, 19. November, 20.15 Uhr, Hörsaal 9.

Horst Krüger, Baden-Baden (Südwestfunk),
„Der moderne Mensch. Versuch einer Wesensbestimmung."
Montag, 10. Dezember, 20.15 Uhr, Hörsaal 9.

Professor Dr. Wilhelm Grenzmann, Bonn,
„Das Bild des Christen in der Dichtung der Gegenwart."
Montag, 11. Februar, 20.15 Uhr, Hörsaal 9.

Jahresfest der Studentengemeinde

Sonntag, 13. Januar 1957
Pontifikalamt und Ansprache des Bischofs von Rottenburg.
Aula-Vortrag von P. Dr. Mario von Galli SJ, Zürich, „Chancen des Christentums in der modernen Welt".
Gesellschaftsabend in den oberen Räumen des Museums.

Arbeitskreise

Caritas-Kreis:
Neben der theoretischen Arbeit — Besprechung der päpstlichen Sozial-Enzykliken — betreut der Kreis kranke und bedürftige Studenten und arbeitet mit dem Caritasverband zusammen.
Leitung: Leo Nürnberger, stud. phil., Madergasse 16.
Jeden Dienstag 19.00 bis 20.00 Uhr in Neckarhalde 64.
Erstmals: 13. November.

Singkreis:
Studentinnen und Studenten sind zum Mitsingen herzlich eingeladen!
Chorleiter: Günter Trautner, stud. phil., Schleifmühleweg 31.
Jeden Dienstag, 20.15 Uhr in Neckarhalde 64.
Erstmals: Dienstag, 7. November.

Kleinkreise werden durch Anschlag bekanntgegeben.

Sonstige Veranstaltungen

Einführungsabend für Neuimmatrikulierte:
Montag, den 5. November, 20.00 Uhr in der Mensa, Hafengasse 6.

Geselliger Abend:
Sonntag, den 11. November, 19.30 Uhr in der Freibad-Gaststätte.

Veranstaltung der Diözesan-Akademie:
Thema: „Warum neue Dogmen?"
Leitung: Direktor Dr. Dreher.
Mittwoch, 21. November, im Carlo-Steeb-Heim.

Advents- und Nikolaus-Abend:
Sonntag, 9. Dezember, 19.30 Uhr.

Ski-Freizeit:
Bei Oberstdorf vom 24. Februar bis 3. März 1957.

Einrichtungen der Studentengemeinde

Caritas
Auskunft und Vermittlung von Beihilfen für besonders Bedürftige durch den Studentenpfarrer.

Mittagstisch in Münzgasse 7:
Täglich außer Sonntag, Preis pro Mittagessen 60 Pf.
Freitisch-Vermittlung durch den Studentenpfarrer.

Predigt im Semesterschlußgottesdienst
23. Februar 1954

»... an der Universität geht es im eigentlichen aber doch nicht um die Fragen und Antworten des Faches allein, sondern es geht um die ganze Wahrheit. Damit soll aber nicht gesagt sein, Sie hätten nicht gerade in Ihrem Fach Ihre große Aufgabe zu erfüllen. Gerade heute, wo man sich so sehr gegen die Fachsimpelei wendet, muß auch gesagt werden, daß derjenige des tiefsten Sinnes seines Studiums nicht gerecht wird, der keine Linie hat und der – verzeihen Sie mir das Wort – nur überall herumschmeckt. Übrigens kann man auch die Theologische Fakultät dazu mißbrauchen, dann nämlich, wenn es einem nicht um ein ernsthaftes Arbeiten über die Glaubenswahrheiten geht, sondern eben um ein paar schöne Phrasen über Gott und die letzten Dinge. Jedenfalls: Durch Ihr Fach hindurch werden Sie, wo immer Sie auch arbeiten, den Weg zur Wahrheit gehen müssen. Sicher wird das manches Problem und manche zunächst außerordentlich schwierige Frage mit sich bringen, die bisweilen auch zum Konflikt mit der Glaubenssicherheit führen kann – und doch, wir brauchen uns als Christen vor der Wissenschaft niemals zu fürchten, im Gegenteil, wir haben die Verpflichtung, weiter zu bohren und weiter zu dringen, um auf jene Fundamente zu geraten, die den Kern der Wahrheit berühren. Ja, es ist sogar unsere Verpflichtung, immer mehr Einsicht zu gewinnen und auf dem Weg mühevoller Erkenntnis Gottes Gedanken in der Schöpfung, in der Geschichte, in der Sprache und in der Kunst nachdenken zu lernen. – Und wenn Sie richtig gearbeitet haben, dann haben Sie selbst erfahren, daß es etwas Wunderbares ist, die Seele in den Glanz der Wahrheit zu tauchen und dadurch an jene Grenze zu gelangen, wo der Mensch nicht mehr weiter weiß, sondern wo er das Staunen und wo er als Christ das Anbeten beginnt...«

Predigt in der an jedem Mittwoch gefeierten Gemeinschaftsmesse
9. Mai 1956 (Pfleghofkapelle Tübingen)

»... Das Christentum ist keine Lehre und kein Buch, sondern ein Kreuz und ein Altar. Das Christentum ist keine Sache und sei es die heiligste Sache der Welt, sondern eine Person. Jesus Christus, der menschgewordene Gott, Gott in Menschengestalt, der greifbar, hörbar, sichtbar, berührbar gewordene Gott: Das ist das Neue, das schlechthin Einzigartige des christlichen Glaubens und Lebens.
Es ist deshalb nicht so, daß wir christliche Wahrheiten verkünden und daß es daneben eine Lehre von den Geboten gibt, die zu halten sind, und daß dann noch Sakramente gespendet werden. Eine solche Aufspaltung, wie sie weithin üblich ist, hat ihre großen Gefahren. Mitte, einzige Mitte des christlichen Lebens ist der Altar. Das Wort Gottes kommt als durch die Kirche verkündetes Gotteswort vom Altar und muß wieder zum Altare führen. Christliches Leben, das echtes, strömendes Leben ist, hat im Altar seine Quelle und muß im heiligen Kreislauf wieder zurückkehren zu diesem Altar; denn der einzige Punkt, wo Gott die Welt wirklich und wahrhaftig in einem ganz einmaligen Sinne berührt, ist Christus allein und darum ist auch heute ein Punkt, wo Gott und Mensch in tiefster Realität sich begegnen, der Altar Jesu Christi. Dort wird sein Todesgedächtnis gefeiert, wird das Erlösungswerk mit allem, was es umfaßt in Wahrheit und Wirklichkeit zur Gegenwart und wird selbst die Zukunft, nämlich die Vollendung der Welt, hineingebannt in eine zusammengedrängte Gegenwärtigkeit des Höchsten.

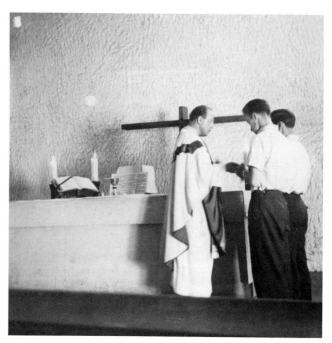

Pfleghofkapelle in Tübingen. Hier feierte die Studentengemeinde jeden Mittwoch ihre Gemeinschaftsmesse.

Bilder rechts:
In der Wallfahrtskirche Ronchamp

Darum ist der Altar der ruhigste Punkt der Welt, ja der einzige ruhige Punkt, wo aller Lärm der Welt und der Weltgeschichte still werden muß, wo all die unheimliche Bewegung auf ein unbekanntes Ziel hin immer wieder in eine Mitte hineingeführt wird ...
Der Altar ist der einzig ruhige Punkt der Welt, von dem göttlicher Friede, göttliche Gnade, göttliche Freude und göttlicher Trost ausgeht auf jeden, der ihm naht, der Punkt, wo der Mensch, da er zu Gott findet, in Wahrheit zu sich selbst findet, zu seiner Erhebung und eigentlichen Heimat.

Und doch – der Altar ist auch der unruhigste Ort der Welt: Weil all seine Ruhe geladene, gespeicherte Ruhe ist, die wieder zur Ausstrahlung, zum dynamischen Leben drängt. Wer immer sich dem Altare naht, der muß von dieser heiligen Unruhe erfüllt und von dem Liebesdrängen Gottes erfaßt werden. Alles Leben muß daher zum Altare führen und wieder vom Altare ausgehen; denn der Altar ist auch die große Gefahr, wenn er nur mehr zum Tisch würde und sei es der heiligste Tisch, zum Tisch, um den man sich auf Ruhepolstern lagert. Immer wieder gilt nach solchem Mahle und solchem Ruhen die Forderung des Herrn: Stehet auf, laßt uns von hinnen gehen! ...
Unruhig sollten wir hier werden, daß es immer noch so wenige sind, die auf diese Mitte zuleben und von dieser Mitte her leben. Unruhig sollten wir werden für all die vielen, die durch Taufe und Firmung zu diesem Altare gehören, und die doch nur seinen fernen Umkreis kennen ...
Glauben Sie nicht auch, daß von den tausenden Studenten, die jetzt wieder an unserer Universität leben, viele um diese innerste Bezogenheit zum Altare nicht mehr wissen? Und meinen Sie nicht auch, daß es selbstverständlich sein müßte, daß wir unruhig werden müssen, gerade für diese vie-

Breviergebet im Schnee

len, die da irgendwo irgendeinen Weg gehen, aber nicht den Weg zum Altar ...
Wie mancher ist da Fremdling geworden im Hause Gottes, wo er doch das Bürgerrecht des himmlischen Erbes empfing ... Wer möchte sich noch Freund Christi nennen, der nicht in den Dienst dieses Freundes eintreten wollte: Allen das wahre Leben zu bringen. Die vielen außer uns dürfen uns nicht egal sein. Sie müssen uns interessieren und die Liebe Christi muß uns drängen, mit ihnen Kontakt zu erhalten und sie in die Gemeinschaft einer recht verstandenen Liebe zu Christus zu führen.

Bedenken wir alle, was das für uns heißt. Das heißt nicht, daß wir die anderen von oben herab gutmütig betreuen und erst recht nicht, daß wir sie verachten dürften. Das heißt, daß wir im Geist

Christi ihnen begegnen und im Bewußtsein, daß wir die Kirche bauen, ihnen nahe sein dürfen. Das heißt, daß wir sie hingeleitet müßten zur Wahrheit, zur Freude, zum eigentlichen Leben. Laßt uns nicht vergessen, daß wir vom Altare her unruhig sein müßten um das Heil der anderen und um das fruchtbare, alle erreichende Leben unserer Gemeinde, deren Mitte Christus auf dem Altare ist...«

»Meine Erinnerungen an Bischof Georg Moser von Rottenburg-Stuttgart reichen zurück bis in das Jahr 1957. Im Sommer dieses Jahres erhielt ich den Ruf auf einen Lehrstuhl an der Universität Tübingen. Solange ich Tübingen kenne, herrscht dort Wohnungsnot; selbst ein möbliertes Zimmer rasch zu finden erwies sich als schier unmöglich. So schrieb ich an den Seelsorger der katholischen Hochschulgemeinde Tübingen, ob er mir etwas vermitteln könnte. Er tat es. Und zwar brachte er mich gleich in dem Haus der Studentengemeinde Neckarhalde 64 unter, das unter dem Namen Hügelhaus (so nach der Stifterin, einer Baronin Hügel, benannt) allen älteren Tübingern ein Begriff sein dürfte. Der damals 34jährige Studentenseelsorger wohnte im selben Haus. Sein Name: Georg Moser.

In die Doktorarbeit vertieft

Was geht vor in der Welt?

Er war damals für begrenzte Zeit beurlaubt, um seine theologische Dissertation (über die Letzten Dinge in den barocken Katechismen) abzuschließen. Ihn vertrat derweil Josef Anselm Graf Adelmann. Er wohnte im selben Haus. Dieses war überhaupt recht bevölkert: Außer den beiden Seelsorgern Studenten, studierende Priester, anderweitige Mieter und dann, als die Seele des Hauses, die früh verstorbene Sekretärin und Haushaltsführerin des Studentenseelsorgers: Maria Haun. Es herrschte zwanglose Kommunikation, und so lernte ich auch den damaligen Studentenpfarrer

und späteren Bischof kennen. Weil er, wie jedermann, der einmal mit ihm zu tun hatte, weiß, ein kommunikativer Mensch war, ließ er uns Mitbewohner auch immer wieder einmal am Gegenstand und Fortschritt seiner Dissertation teilnehmen. Bei allem kritischen Abstand zu den Übungen und Inhalten barocker Frömmigkeit hatte er doch unverkennbar einen angeborenen Sinn für deren überaus konkrete Vorstellungswelt und gab gar nicht selten auch Kostproben davon zum besten, auf die er gerade gestoßen sein mochte. Er war ein konzentrierter geistiger Arbeiter, aber kein Schreibtischmensch. Es zog ihn primär nicht zur Wissenschaft, sondern ins Leben. Ich sah ihn einmal vom Schreibtisch aufspringen, weil er genug hatte vom stundenlangen Sitzen. Er wünschte, das ganze Zeug von Dissertation hinter sich zu haben – ›alles in mir schreit nach Seelsorge‹, rief er in dem ihm eigenen Temperament.«
(Aus: Ernst Walter Zeeden, Begegnungen mit Bischof Moser. In memoriam. Anzeiger für die Seelsorge 97 [1988], 234)

Aus dem Schlußteil der Dissertation:
»... Das Zielbild des Lebens kann nicht früh genug entworfen werden ...
Dabei wird es wichtig sein, von Anfang an die anschaulichen biblischen Bilder und die entsprechende Terminologie zu verwenden. Hier ist auch wohl darauf zu achten, daß die liturgischen Ausdrucksformen benützt werden. Wo etwa der Zentralbegriff vom Reiche Gottes nach biblischem Inhalt angewandt (also nicht mit der Kirche oder dem Himmel identifiziert) wird, läßt sich manche spätere – wenn überhaupt noch mögliche! – religionspädagogische Flickarbeit vermeiden. Im übrigen braucht nicht wiederholt zu werden, daß die Sprache in der Kinder-Katechese nicht nur theologisch korrekt, sondern auch lebendig, bibel- und gebetsnah sein muß ... (S. 331)

Wohin des Wegs?

Dazu kommt ein Weiteres, was die Eschatologie-Katechese gegen jede Versuchung zu infantilistischen Verniedlichungen stets berücksichtigen muß: Wir dürfen das innerste Fragen und Suchen der Heranwachsenden nicht unterschätzen! Schon früh beginnen sie über den Sinn des eigenen Lebens, der Vorsehung und der bewegten Weltgeschichte nachzugrübeln. Um so wichtiger ist es, den Schülern eine Belehrung über die Eschata zuteil werden zu lassen, die auf ihr eigenes Leben und die Geschehnisse der Welt eingeht ...
Darüber hinaus darf nicht vergessen werden, daß

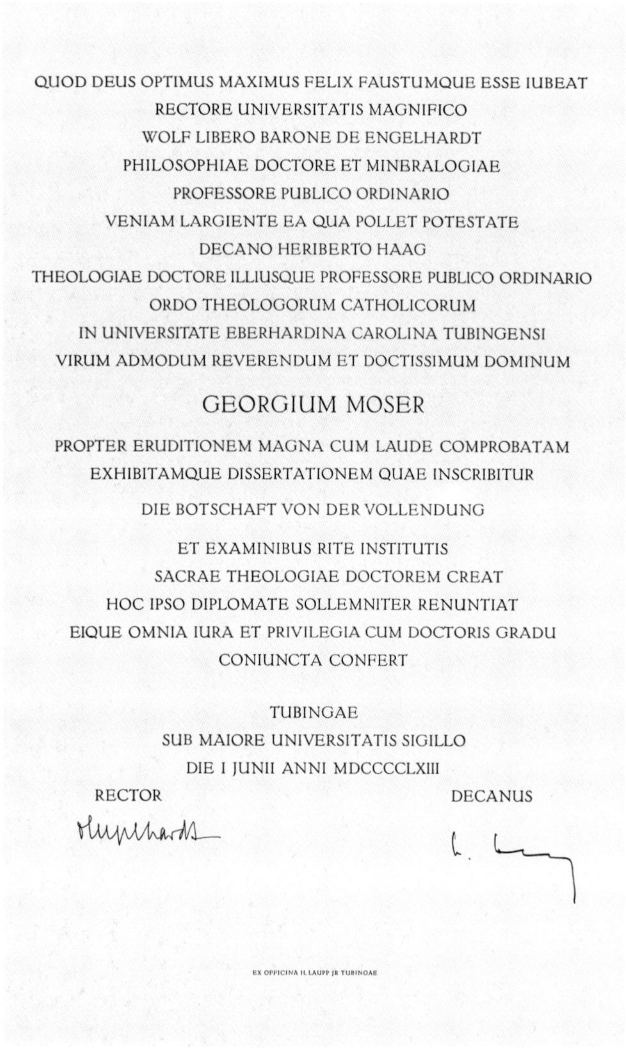

QUOD DEUS OPTIMUS MAXIMUS FELIX FAUSTUMQUE ESSE IUBEAT
RECTORE UNIVERSITATIS MAGNIFICO
WOLF LIBERO BARONE DE ENGELHARDT
PHILOSOPHIAE DOCTORE ET MINERALOGIAE
PROFESSORE PUBLICO ORDINARIO
VENIAM LARGIENTE EA QUA POLLET POTESTATE
DECANO HERIBERTO HAAG
THEOLOGIAE DOCTORE ILLIUSQUE PROFESSORE PUBLICO ORDINARIO
ORDO THEOLOGORUM CATHOLICORUM
IN UNIVERSITATE EBERHARDINA CAROLINA TUBINGENSI
VIRUM ADMODUM REVERENDUM ET DOCTISSIMUM DOMINUM

GEORGIUM MOSER

PROPTER ERUDITIONEM MAGNA CUM LAUDE COMPROBATAM
EXHIBITAMQUE DISSERTATIONEM QUAE INSCRIBITUR

DIE BOTSCHAFT VON DER VOLLENDUNG

ET EXAMINIBUS RITE INSTITUTIS
SACRAE THEOLOGIAE DOCTOREM CREAT
HOC IPSO DIPLOMATE SOLLEMNITER RENUNTIAT
EIQUE OMNIA IURA ET PRIVILEGIA CUM DOCTORIS GRADU
CONIUNCTA CONFERT

TUBINGAE
SUB MAIORE UNIVERSITATIS SIGILLO
DIE I IUNII ANNI MDCCCCLXIII

RECTOR   DECANUS

EX OFFICINA H. LAUPP JR TUBINGAE

Das hart erarbeitete Doktordiplom

Katechetische Studien

Georg Moser

Die Botschaft von der Vollendung

Patmos

Titelseite der gedruckten Dissertation

viele Kinder schon früh dem Leiden und dem Tode begegnen und damit vor ernste Lebensfragen gestellt werden ...   (S. 332)

Die Katechese muß lebendig und zeitaufgeschlossen sein. Sie hat den zeitbedingten Ansätzen zur

Aufnahme des Evangeliums nachzugehen und ebenso den in den Zeiten wechselnden Gefährdungen des christlichen Glaubens und Lebens bewußt zu begegnen ...   (S. 332/333)

»Trotz der vielfältigen Beanspruchung als Studentenpfarrer, Religionslehrer und als Rundfunkbeauftragter am Tübinger Südwestfunk scheute er nicht die theologische Arbeit. Im Jahr 1961 promovierte er an unserer Fakultät bei Professor Franz Xaver Arnold. Der Tübinger Doktor bedeutete ihm zeitlebens sehr viel. Er hat sich deshalb immer und mit ganzer Überzeugung zu Tübingen und zu der hier betriebenen Theologie bekannt und sie mehr als einmal mit großem Nachdruck verteidigt...«

(Aus: Professor Dr. Walter Kasper, Predigt im Trauergottesdienst für Bischof Dr. Georg Moser in Tübingen, St. Johannes, 16. Mai 1988)

»Nach der Priesterweihe im Jahre 1948, der Vikarszeit in Ludwigsburg und Stuttgart (St. Georg) und der Aufgabe eines Präfekten am Bischöflichen Knabenseminar in Ehingen folgte eine Reihe von Aufträgen, die für die Kirche von größter Bedeutung waren, einen jungen Theologen damals wie heute aber auf das äußerste herausforderten: Sieben Jahre Studentenpfarrer an der Universität Tübingen (1953–1959), Religionslehrer an den Gymnasien in Tübingen (1959–1960) und Fachleiter am Staatlichen Seminar für Studienreferendare (1953–1970), zehn Jahre Direktor der Diözesanakademie in Stuttgart-Hohenheim. Diese Zeit der geistigen Auseinandersetzung im säkularen Umfeld der Kirche hat Georg Moser tief geprägt. Sie dauerte ebensolange wie seine Tätigkeit als Bischof. Hier wurde er vertraut mit den Fragen und Nöten der gegenwärtigen Welt. Hier lernte er den unausweichlichen Dialog mit der Kultur der Gegenwart, hier praktizierte er den unkomplizierten Umgang mit Menschen innerhalb und außerhalb der Kirche. So tief Georg Moser im Innern der Kirche verwurzelt war, so wenig wollte er nur in die Binnenräume der Kirche hineinsprechen. Vielmehr stellte er sich in Solidarität den Herausforderungen der Menschen, ohne die unverwechselbare Kraft des Evangeliums zu verleugnen.«

(Aus: Bischof Dr. Karl Lehmann, Predigt beim Pontifikalrequiem für Bischof Dr. Georg Moser am 17. Mai 1988)

Der geschätzte Fernsehprediger

1961–1970

Georg Moser wird auf 1. Januar 1961 zum vierten Direktor der Akademie der Diözese Rottenburg ernannt (nach Alfred Weitmann, Alfons Auer, Bruno Dreher).

```
Bischöfliches Ordinariat           Rottenburg (Neckar), 19. Dezember 1960
Nr. A  13 133                      Postfach 9 · Ruf 241
    Bei der Antwort
  bitte diese Nr. angeben

Hochw. Herrn
Studienrat Georg Moser
Tübingen-Derendingen
Roßbergstrasse 52

0 Beil.

        Wir haben gemäß dem Vorschlag des Kuratoriums unserer Diözesan-
        akademie Euer Hochwürden zum Leiter der Akademie der Diözese
        Rottenburg ernannt mit Wirkung vom 1. Januar 1961. Über Ihre
        Bezüge als Akademiedirektor ergeht ein besonderer Erlaß.
        Wegen des Termins der Amtseinführung und deren Gestaltung
        dürfen wir einem Vorschlag Ihrerseits entgegensehen.
        Wir wünschen Euer Hochwürden für Ihre verantwortungsvolle und
        weitreichende Tätigkeit Gottes Segen.

                                + Carl Joseph
                                     Bischof
```

Ernennung zum Akademiedirektor

In den sorgfältig gestalteten, von der Handschrift des Direktors Moser geprägten Quartalsprogrammen von 1961–1971 findet sich der folgende, die Akademiearbeit jener Jahre charakterisierende Text:

UNSERE AKADEMIE

Die *Akademie der Diözese Rottenburg* hat vor bald elf Jahren als erste katholische Akademie Deutschlands ihre Arbeit begonnen. Sie hält Tagungen, Arbeitsgemeinschaften, Freizeiten, gesellige Abende, und im Winterhalbjahr veranstaltet sie eine Vortragsreihe in den achtzehn größten Städten Württembergs. Ihr fester Sitz ist Stuttgart-Hohenheim, doch geht sie auch ‚auf Reisen'.

Unsere Akademie möchte Menschen aus allen Berufen zusammenführen und mit ihnen Zeitfragen und zeitlose Fragen behandeln; auch Christen anderer Bekenntnisse und Menschen mit anderer weltanschaulicher Überzeugung sind willkommen. Erfahrene Referenten entwickeln ihre Gedanken zu einem religiösen, wissenschaftlichen oder kulturellen Thema, und anschließend wird darüber gesprochen. Viele Fragen lassen sich für den Christen von den Glaubenswahrheiten her klären; andere sind offen und bedürfen der gemeinsamen Bemühung um die richtige Sicht. Kirche und Welt sollen sich auf einer Akademie begegnen, wie die Formel heißt. Unsere Akademie will ein Ort sein für den mitdenkenden, mitverantwortlichen Laien. Hier leiht ihm die Kirche gleichsam ihr Ohr; in freimütigem Gespräch sucht sie ihm Antwort zu geben auf Fragen, die ihn bedrängen. Umgekehrt spricht hier der Laie zur Kirche; er hilft als »Christ in der Welt«, daß die Kirche der Welt verbunden bleibe. Der Mensch von heute braucht, wie wir meinen, eine solche Stätte der Begegnung und der Besinnung.

Besonders wichtig ist uns die Atmosphäre unserer Gemeinschaft; doch ist der rechte Geist mehr Geschenk als Verdienst, wie wir wohl wissen. Fern von Eile sei unsere Akademie der Muße förderlich. Sie hat keine zweckhafte Bestimmung; wir wünschen, daß sie einen Sinn habe.

Das Profil der Akademie kann an den Themen ihrer Arbeit abgelesen werden. Neben zahlreichen, quantitativ enorm expandierenden Einzelveranstaltungen wird besonders der Zugang zu Menschen gesucht, die in Industriebetrieben und Verwaltungen arbeiten. In enger Zusammenarbeit mit der Evangelischen Akademie Bad Boll gewinnen berufsbezogene Tagungen in der Zeit des Akademiedirektors Georg Moser großes Gewicht.
Einen weiteren wachsenden Aufgabenbereich stellt die Weiterbildung kirchlicher Dienste dar. Anlaß einiger von der Teilnehmerzahl her »großer« Tagungen war das Bedürfnis nach einer Vertiefung des Glaubensverständnisses:

November 1965	»Ich glaube an die Auferstehung des Fleisches«
März 1966	»Nachfolge Christi in unserer Zeit«
September 1968	»Wer ist das eigentlich – Gott?«
März 1970	»Christus ist die Mitte«

Zahlreiche Tagungen waren direkt dem Zweiten Vatikanischen Konzil (1962–1965) und dessen grundlegenden Dokumenten gewidmet sowie den programmatischen Enzykliken der Päpste Johannes XXIII. und Paul VI. Das Denken des Konzils und dessen theologischer Ertrag fand Eingang in die gesamte Arbeit des Direktors Georg Moser und seiner Mitarbeiter.
Einen weiteren charakteristischen Akzent setzten die – vorwiegend teilnehmerzentrierten, – der Aussprache dienenden Tagungen für junge Eltern, berufstätige Frauen, Alleinerziehende und ältere Menschen. Ebenso findet der breite Bereich der Medien umfassende Berücksichtigung.
Das Vortragswerk der Akademie bringt, wie das folgende Beispiel veranschaulicht, die lebendige Auseinandersetzung direkt in die städtischen Zentren der Diözese:

Vortragswerk der Akademie der Diözese Rottenburg

Wozu braucht der Mensch eigentlich Religion?
Vortrag von Dr. Dr. Ernst Stadter, Karlsruhe

23. Oktober 1962	Bad Mergentheim
24. Oktober 1962	Göppingen
25. Oktober 1962	Heidenheim
26. Oktober 1962	Ehingen/Donau
27. Oktober 1962	Reutlingen
29. Oktober 1962	Ulm/Donau

Das Rezept heißt Sex
Über die Erotisierung der Öffentlichkeit
Vortrag von Dr. Hermann Boventer, Freiburg

19. November 1962	Ulm/Donau
20. November 1962	Bad Mergentheim
21. November 1962	Göppingen
22. November 1962	Heidenheim
23. November 1962	Ehingen/Donau
24. November 1962	Reutlingen

Paulus der Welteroberer
Vortrag von Dr. Paul Bruin, Zürich

3. Dezember 1962	Ulm/Donau
4. Dezember 1962	Bad Mergentheim
5. Dezember 1962	Göppingen
6. Dezember 1962	Heidenheim
7. Dezember 1962	Ehingen/Donau
8. Dezember 1962	Reutlingen

Kirche, Kunst und moderner Unglaube
Vortrag von Dr. Rudolf Müller-Erb, Ellwangen

14. Januar 1963	Ulm/Donau
15. Januar 1963	Bad Mergentheim
16. Januar 1963	Göppingen
17. Januar 1963	Heidenheim
18. Januar 1963	Ehingen/Donau
19. Januar 1963	Reutlingen

Die moderne Partnerschaftsehe
Vortrag von Dr. Ignaz Zangerle, Innsbruck

5. Februar 1963	Bad Mergentheim
6. Februar 1963	Göppingen
7. Februar 1963	Heidenheim
8. Februar 1963	Ehingen/Donau
9. Februar 1963	Reutlingen
11. Februar 1963	Ulm/Donau

Neue Weltanschauungen anstelle des Glaubens?
Vortrag von Dr. Anton Böhm, Köln

5. März 1963	Bad Mergentheim
6. März 1963	Göppingen
7. März 1963	Heidenheim
8. März 1963	Ehingen/Donau
9. März 1963	Reutlingen
11. März 1963	Ulm/Donau

Am 10. Januar 1965 konnte das neu errichtete Akademiegebäude in Stuttgart-Hohenheim von Bischof Dr. Carl-Joseph Leiprecht eingeweiht werden. Der festliche Anlaß bot Gelegenheit, auf die bereits seit 1951 geleistete Akademiearbeit zurückzublicken und gleichzeitig zu neuen Horizonten aufzubrechen. Mit den Worten des Akademiedirektors Dr. Georg Moser:

». . . Glauben Sie mir, dieses neue Haus wird uns nicht bloß ein angenehmes Gehäuse sein, in dem wir das Bisherige halt recht und schlecht weiter betreiben. Wir werden versuchen, in ›schöpferischer Ruhelosigkeit‹ – wie mein Freund Alfons Auer das genannt hat – der Kirche und darüber hinaus allen, denen wir begegnen und verpflichtet sind, etwas zu vermitteln vom Reichtum der Erkenntnis sowie von der Tiefe des Glaubens, der Hoffnung und der Liebe, welche Jesus Christus um des Heiles aller willen auch in unsere Zeit eingestiftet hat. Wir werden uns mühen, das Klima der recht verstandenen Freiheit und der unzerstörbaren Freude in einer verzweckten und rationalisierten Gesellschaft zu mehren. Wir tun das nicht von oben her, sondern unter dem Gesetz des vertrauensvollen Dialogs mit einzelnen und mit den verschiedenartigsten Gruppen der Öffentlichkeit. Bitte helfen Sie uns, daß dieses Haus ein Ort des Segens, der Klarheit, der beglückenden Begegnung und damit ein Ort des fruchtbringenden Dienstes vor Gott und für die Menschen werde!«

(Aus: Bildung, die dem Ganzen dient. Beiträge zur Begegnung von Kirche und Welt, 78, hg. von der Akademie der Diözese Rottenburg 1965, S. 18)

Die Stuttgarter Zeit hat Georg Moser nachhaltig geprägt. Auch für sein späteres Verständnis des Bischofsamtes sind diese an Arbeit wie Eindrücken und Herausforderungen überreichen Jahre bestimmend geworden. Als Beispiel in politisch-staatsbürgerlicher Hinsicht mag dafür der folgende

Amtseinführung durch Bischof Carl Joseph

Text stehen. Er entstammt der Kurt Georg Kiesinger, dem damaligen Ministerpräsidenten des Landes Baden-Württemberg, zum 60. Geburtstag gewidmeten Festschrift:

»Wir gehen nicht ab von dem Satz, den der weise Roncalli-Papst in seiner Sozial-Enzyklika geschrieben hat: ›Es gibt in unserer Zeit wohl keine größere Torheit als den Versuch, in dieser Welt eine feste und brauchbare Ordnung aufzubauen ohne das notwendige Fundament, nämlich Gott.‹

Auf solcher Grundlage wird sich der Christ in unserer Demokratie vor allem für die gottgewollte Wertordnung in Rechts- und Sittenfragen einsetzen. Alle menschlichen Handlungen unterliegen auch im Politischen dem Sittengesetz, das vorgegeben ist und das infolgedessen kein Mehrheitsbe-

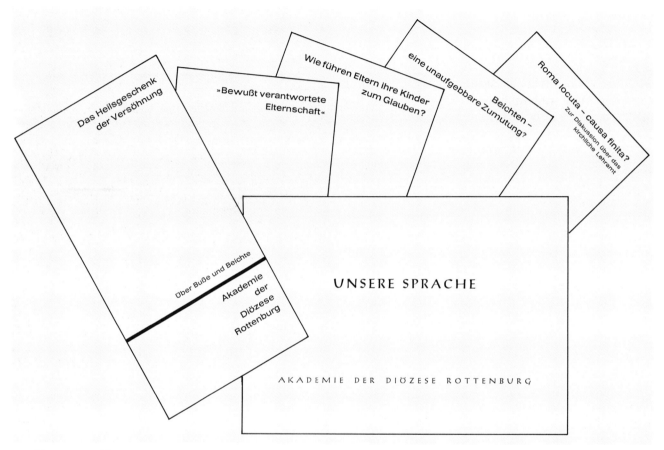

Eine kleine Auswahl von Tagungsprogrammen

schluß neu normieren kann. Es ist nicht Machtgier der Klerikalen oder sture Hartnäckigkeit gläubiger Laien, wenn sie dies in aktuellen Auseinandersetzungen (etwa bei der Frage nach den Indikationen zur Schwangerschaftsbeendigung) immer wieder hervorheben. Die Verteidigung unabhängiger Rechtsgrundsätze gegenüber jeglichem Rechtspositivismus gehört zur dienenden Aufgabe der Christen; damit bewahren sie die Macht vor dem stets drohenden Mißbrauch. Freilich – das sagt sich jeder moderne Christ – müssen hierbei auftretende Spannungen in offener Partnerschaft und ehrlicher, keineswegs bloß taktischer Toleranz bis zur Lösung oder Kompromißlösung durchgehalten werden...

Der Dienst in der Demokratie fordert vom Christen eine ständige Bildung des Gewissens im Blick auf das Gemeinwohl, eine sorgfältige Pflege solidarischen Denkens und ein bewußtes Bemühen um Reife in Politik und Kritik. Das Verantwortungsbewußtsein, das wir auf diesem Wege erreichen, wird bereits bei unserer Jugend dazu beitra-

gen, der Vermassung, dieser zerstörerischen Kraft, zu begegnen ...
Und noch ein Letztes: Weil er um die relative Unerfüllbarkeit aller irdischen Ordnung weiß, wird der wahre Christ als Widerpart der ungeduldigen Perfektionisten auch eine gute Portion Humor in die harte Politik einbringen. Und ins heißeste Getriebe der Tagespolitik wird er Öl gießen durch jene weise Geduld, ohne die das Bemühen um ein gutes Zusammenleben des Volkes und der Völker vergeblich wäre; nur Geduld zeitigt Früchte.«
(Aus: Führung und Bildung in der heutigen Welt, Stuttgart 1964, S. 444 f.)

Nicht nur »nach außen«, auch für sein Denken und Handeln »nach innen« in den schwierigen Fragen der nachkonziliaren Kirche stellte die Akademiezeit für Georg Moser ein bleibendes Fundament dar. Dies belegen – stellvertretend für ähnliche Äußerungen – Referate aus späteren Jahren. Gern kehrte Georg Moser zu den verschiedensten Anlässen an die Akademie zurück und nahm immer Anteil an ihrer Arbeit.

Im Gespräch

»Natürlich erfordert eine dialogische Kirche die ständige Bereitschaft, aufkommende neue Fragestellungen zunächst einmal aufzugreifen und nicht zu verdrängen. In der Geschichte der Kirche ließe sich leicht nachweisen, daß alle verdrängten oder verschobenen Anliegen, berechtigte oder unberechtigte, zu irgendeinem späteren Zeitpunkt um so heftiger eine Klärung fordern. Die Reformation mit ihren Folgen ist nur ein Beispiel. Vieles erledigt sich eben nicht von selbst, nein, es gärt im Untergrund weiter. Die Kirche darf sich nicht in eine Amts-, Volks- und Untergrundkirche aufsplittern. Es darf keine Kirche von oben herab und keine ›Kirche von unten‹ geben. Bei aller Vielfalt der Meinungen sei sie ein Haus. Sie muß eine einigende Heimat für alle sein und bleiben.

Eine katholische Akademie bildet ein offenes Haus der Gedanken in einer Diözese. Die Redefreiheit, eine Errungenschaft der Demokratie und eine der Bedingungen, ohne die – im Vergleich zum Ersten Vaticanum – das letzte Konzil niemals zu den erreichten Ergebnissen gekommen wäre, stellt ein Grundgesetz katholischer Akademien dar. Das freie Wort entfaltet sich in der freien Rede. Die Manuskripte der Referenten unterliegen keiner Zensur. Die Akademie versteht sich als Drehscheibe der Ideen, der Ansichten und Meinungen, die es in der Kirche und in der Gesellschaft gibt. Die vielen Gesichtspunkte, unter denen ein Thema zu bedenken ist, führen dabei oft zu anderslautenden, wenn nicht zu entgegengesetzten Ergebnissen und Lösungsabsichten. Am deutlichsten zeigt sich dies derzeit in der Friedenssicherung, beim Bau von Atomreaktoren, bei der Bewältigung der Arbeitslosigkeit, bei der Ausländerfrage und in ähnlichen Fragen. Hier geht es nicht um Eintagsprobleme, die sich von allein lösen; dies sind Themen, die von höchster ethischer Relevanz sind. Dasselbe gilt von zahlreichen innerkirchlichen Problemkreisen, bei denen, unbeschadet der Rechtgläubigkeit, unterschiedliche Standpunkte vertreten werden können.

Wir haben uns in unsern beiden Tagungshäusern in Stuttgart-Hohenheim und in Weingarten stets bemüht, jeweils ein Haus der offenen Tür zu sein, ebenso für die Referenten wie für die Tagungsteilnehmer. Wir kennen keinen Numerus clausus. Wir sind eine offene Kirche in einer freien Gesellschaft. Die Zahl der Themen ist groß geworden, der mitdenkene Mensch von heute ist so vielfältig orientiert, daß jede Eingrenzung auf irgendein Sachgebiet eine unangemessene Beschränkung wäre . . .

Auch der Andersdenkende, ja selbst der Irrende, hat seine Legitimation in unseren Häusern. Guardini sagt hierzu: ›Die Möglichkeit zu irren ist also dem Menschen wesentlich, weil er frei ist. Man kann ihn geradezu als jenes Wesen definieren, das sich irren – deswegen, weil er auch in Freiheit das Richtige wählen kann . . .‹

Auf dem Boden der Akademie betreten wir ein offenes Feld: Die Themen, die Referenten, die Teilnehmer stehen einander frei und offen gegenüber. Diese Offenheit gilt für alle Bereiche aus Gesellschaft und Politik, aus Kunst und Kultur, aus Kirche und Theologie. Und es geht nicht um eine Vereinnahmung des einen durch den anderen, es geht um jenes geschwisterliche Nebeneinander oder noch besser: Miteinander, von dem bereits die Rede war . . .

›Das Ganze des Daseins, Leben und Werk des Menschen, muß neu gesehen, unter richtige Maßstäbe gebracht und wesensgerecht geordnet werden‹ (Romano Guardini). Zu diesem ›Ganzen des Daseins‹ wollen die kirchlichen Akademien ihren Beitrag leisten, zu diesem Ganzen, das immer gefährdet war und gefährdet bleibt; zum Ganzen, das sich nicht aus dem einen oder anderen Detail zusammenfügt, sondern eben letztlich das Gewicht der Wahrheit ist und vor allem: ein Geschenk der Gnade.«

(Aus: G. Moser, Ein Haus der offenen Tür, in: H. Boventer (Hg.), Evangelische und katholische Akademien. Gründerzeit und Auftrag heute, Paderborn 1983)

»Mir ist wohl bekannt, daß es derzeit gewisse Sorgen gibt, ob denn das freie Wort in der Kirche überhaupt erwünscht oder gestattet sei. Manche reden gar davon, man müsse Angst haben, mal eine freimütige Äußerung zu tun. Ob das zutrifft oder ob einige diese Angst nur herbeireden möchten, sei hier nicht hinterfragt. Auf jeden Fall: Ich kann mir die Kirche Jesu Christi nicht vorstellen als geschlossene Lehranstalt, in der alle nur andächtig lauschen, was ein anderer zu sagen hat. Sicherlich: einer ist und bleibt in der Gemeinschaft der Kirche der einzige Lehrer und Meister. Es bleibt auch dabei, daß es in der Kirche ein Reden in der Vollmacht dieses einen Herrn gibt, aber der Heilige Geist, der in die ganze Wahrheit Jesu Christi einführen soll (vgl. Joh 16, 13), ist ausgegossen über alle, ›über alles Fleisch‹ (Apg 2, 17), wie Petrus in seiner Pfingstpredigt sagt. Und wo der Geist weht, da ist Freiheit – eine Freiheit, die um ihre Weite, immer jedoch auch um ihre Verantwortung weiß.«

(Aus: G. Moser, Kirche und Kultur des Dialogs, in: Weltoffene Katholizität, Publikationen der Akademie der Diözese Rottenburg-Stuttgart, 1985, S. 11)

Mit Humor und Sinn für Realität konnte Georg Moser freilich seinen Finger auch, um der Sache willen, auf wunde Punkte legen:

»Die Redlichkeit führt uns ganz allgemein zur Frage der Motive, die die Teilnehmer zu einem Dialog bewegen. Ist es das Bedürfnis nach Unterhaltung? Ist es der Reiz, sich an einer brillanten, aber oft unverbindlichen und folgenlosen Geistesakrobatik zu beteiligen? Gibt man sich zufrieden, etwas interessant zu finden? Sie wissen, daß ich die Bildungsarbeit sehr schätze und auch in allen unseren Bildungshäusern entschieden fördere, daß mir ein Jahrzehnt die Akademie gerade als Forum des Dialogs eine Heimat war. Ich gerate darum wohl nicht in falschen Verdacht, wenn ich wiedergebe, was ich bei irgendeiner Tagung aufgeschnappt habe: ›Desch a feine Sach! Do hosch am Sonndag dei Kirch, dei Ruah, en geischtige Genuß, s' Esse schtellet se dr fertig auf da Tisch – ond d' Diözese zahlt au no en Zuschuß drzua.‹ – Unsere Bildungshäuser sind nicht nur Stätten des institutionalisierten Dialogs und als solche unersetzlich; sie tragen immer auch den Virus unverbindlicher Geschwätzigkeit in sich. Und einer geschwätzigen Kirche kann man ja hie und da auch begegnen. Ein waches Ethos des Dialogs wird mit diesem Virus fertig.«

(Aus: G. Moser, Kirche und Kultur des Dialogs, in: Weltoffene Katholizität, Publikationen der Akademie der Diözese Rottenburg-Stuttgart, 1985, S. 18)

Ein Stück Akademiealltag

1970–1988

1970–1975

Mit folgendem Text deutet der neue Weihbischof seinen Wahlspruch »ut habeant vitam«

»Das Motto ist einem Satz aus dem Johannesevangelium entnommen, in dem das Bild vom guten, wahren Hirten überliefert wird (10. Kapitel). Der Ausspruch Jesu lautet dort: ›Ich bin gekommen, damit sie das Leben und überfließende Fülle haben.‹ Dieses Leben ist nicht ein unbestimmter, romantischer Begriff; es ist Kennzeichen, Wirklichkeit und Gabe Gottes. Er ist der Lebendige und Leben Schenkende und er will, daß wir das Leben in Fülle erben. Gott thront nicht abseits von unserem Leben, ihm entspringt es und er trägt es – auch in der Zeit der Säkularisierung. Wo das erkannt und anerkannt wird, dort wird letztlich erst vernehmbar, was Leben überhaupt ist. Durch Jesus Christus, den Auferstandenen, ist es uns in letzter Gültigkeit erschlossen. Er hat uns das ›ewige Leben‹ eröffnet, das nicht etwa ein Anhängsel an die jetzige Existenz ist, sondern eine neue Qualität unseres Seins.

Diese Wahrheit will konkret werden mitten in unserer Welt; indem das erhellende Wort vom Leben zum Licht, zur Weite, zur Kraft und zum Trost für den Menschen der Gegenwart wird. Schauen wir uns doch um: In unserer Zeit herrschen Zwecke und Funktionen. Und was dann noch übrigbleibt vom Dasein trägt bei vielen den Namen Langeweile oder Angst vor dem Künftigen. Frustrationen und Sinnleere entwickeln sich zur

Bekanntgabe der Ernennung

Landplage. Insgeheim und offen meldet sich, besonders bei der jungen Generation, der Schrei nach Lebenssteigerung, nach neuen Vitalräumen. In diese Wirklichkeit hinein muß das Angebot für ein Leben gemacht werden, dessen Aufschwünge nicht in Enttäuschung zurückfallen. Darin sehe ich die Aufgabe der Kirche, dieses befreiende Angebot für ein neues, bis ins letzte sinnträchtige Leben zu vermitteln. Die Kirche dient nicht einem musealen System und ihre Amtsträger sind keine Aufsichtsbeamten für braves Wohlverhalten. Wir erheben keinen Herrschaftsanspruch; wir stehen im Dienst des Heils: Heil, das heißt Glückszusage Gottes, der ungebrochenes, durch die Vergebung des Kreuzes befreites Leben gewährt. Und wenn viele Christen heute so in Krise und Unruhe sind, scheint es mir zu den Aufgaben aller, zumal der Kirchenleitungen zu gehören, daß die gottgeschenkte Lebenskraft des Glaubens immer wieder neu freigelegt wird: durch eine unmittelbar ansprechende Verkündigung, durch Vertiefung der Spiritualität und sakramentaler Gottesbegegnung bis hin zur Dynamisierung kirchlicher Strukturen. Leben aber will sich, so betont gerade das Johannesevangelium, fortzeugen und weiterschenken. Es wird mehr, indem es sich verströmt. Darauf will diese Losung deshalb auch hinaus: daß durch das von oben gegebene Leben mitten unter uns, für jeden und für alle, neue Impulse und Motive erwachen – ich denke hier beispielsweise an den sozialen und an den Bildungsbereich. Die Tradition wird dabei nicht verachtet, sondern in ihrem Wert und Anspruch, wenn auch kritisch, in die Gegenwart gestellt. Aus dem Licht des in Christus überkommenen Lebens ergibt sich Orientierung und Wegweisung, Einweisung in unser geschichtsgerechtes Verhalten. Damit wird freilich auch die Auseinandersetzung mit den Tendenzen verbunden sein, die den ›Weg des Lebens‹ anderen erschweren oder gar versperren.

Päpstliche Ernennungsbulle zum Weihbischof

Bischofsweihe von Anton Herre und Georg Moser in Stuttgart
St. Eberhard

Dr. Georg Moser ist Bischof der Diözese Rottenburg-Stuttgart. Er wurde 1923 als achtes Kind einer Handwerkerfamilie in Leutkirch geboren. 1948 empfing er die Priesterweihe. 1970 ernannte ihn Papst Paul VI. zum Weihbischof, im Frühjahr 1975 zum Bischof.

> Wie der Herr nichts tat
> ohne den Vater, mit dem er eins ist,
> so sollt auch ihr nichts tun
> ohne den Bischof und die Presbyter.
> Tut alles gemeinsam:
> *ein* Gebet, *ein* Bitten, *ein* Sinn,
> *eine* Hoffnung in Liebe, in Freude,
> das ist Jesus Christus.
> Besseres als ihn gibt es nicht.
>
> (Ignatius von Antiochien)

Wappen-Beschreibung

Ein durchgehendes rotes Kreuz hebt sich ab vom silbernen Untergrund. Inmitten des Kreuzes befindet sich ein goldener Herzschild, darin ein achtspeichiges blaues Rad. – Das Kreuz ist das Symbol Christi. Von ihm gehen Wellen aus als Sinnbild des segenbringenden Glaubens, der wie lebendiges Wasser ist. Die Wasserströme aber deuten zugleich hin auf den Wahlspruch »Ut habeant vitam« - damit sie das Leben haben. Das Rad im Herzschild erinnert an die Herkunft aus Bauern- und Handwerkerfamilien, ein Bild der lebenschaffenden Kraft, gemäß dem Wort: Die Gnade setzt die Natur voraus.

Bischofswappen samt Beschreibung

Und schließlich: Auch wenn wir zusammen alles tun, um in der Gemeinschaft des Gottesvolkes das neue Leben tiefer einzulassen und weiterzugeben: wir werden oft ratlos, müde und ungelegen sein. Das Ganze, die ›überfließende Fülle‹, kann nur Er gewähren. Und Er wird diese Vollendung schaffen: für jeden, der sich nicht verschließt. Weil ich dessen hoffnungsvoll gewiß bin, wage ich die nächsten Schritte in Zuversicht.«

Auf eine Anfrage hin beschreibt Dr. Georg Moser seine hauptsächlichen Aufgabenfelder als Weihbischof:

»Unser Bischof hat seit drei Jahren zwei Weihbischöfe. Unsere Kompetenzen sind insofern geklärt, als wir beide dem Domkapitel angehören und in diesem klar umschriebene Referate haben. (So hat zum Beispiel mein Kollege Herre das Ordens- und das Priesterreferat. Ich habe die Öffentlichkeitsarbeit, Erwachsenenbildung und Hochschulen.) Darauf hat der Diözesanbischof besonderen Wert gelegt, damit die Weihbischöfe nicht außerhalb des Bischöflichen Entscheidungsgremiums stehen ...
Was die Pontifikalhandlungen anlangt, so sprechen wir diese in den Sitzungen des Bischöflichen Ordinariats miteinander ab ... Immerhin ist geklärt, für welchen Diözesanbereich einer in besonderer Weise verantwortlich ist. Ich habe zum Beispiel insgesamt 19 Dekanate, denen ich besonders zugeordnet bin. In diesen Dekanaten mache ich regelmäßig Besuche bei den Geistlichen. Damit wird ein Anliegen wahrgenommen, das vor der Ernennung der Weihbischöfe eine große Rolle spielte: Die Geistlichen klagten darüber, daß viel zu wenig unmittelbare Gespräche mit dem Bischof stattfinden könnten. (Man muß dabei bedenken, daß unsere Diözese über zwei Millionen Katholiken hat und daß der frühere Weihbischof Sedlmeier lange Jahre hindurch krank war, so daß der Ordinarius fast alle bischöflichen Aufgaben allein zu bewältigen hatte.)
Im übrigen ist es so, daß der Ordinarius mit den Weihbischöfen in lockeren Abständen persönliche Gespräche führt ...
Ausdrücklich möchte ich hier auch folgendes hinzufügen: Unser Ordinarius ist in seiner Art sehr großzügig und läßt den einzelnen so weit wie möglich frei arbeiten. Das hat dazu geführt, daß bei uns in den drei Jahren meiner Amtstätigkeit noch nicht die geringste Schwierigkeit zwischen Ordinarius und Weihbischöfen aufgetaucht ist. Entscheidend scheint mir also zu sein, daß die bischöfliche Kollegialität gänzlich ernstgenommen wird ...«

Mit Bischof Carl Joseph

»Was mich anbelangt, so habe ich Arbeit und Aufgaben in reichem Maße. Ich muß natürlich aufpassen, daß es nicht zuviel wird und vor allem, daß ich nicht bloß auf das reagiere, was an mich herangetragen wird. Ich möchte schon im Sinne, wie das Zweite Vatikanische Konzil das Bischofsamt beschrieben hat, insbesondere durch die Verkündigung inspirieren und damit der weithin verworrenen Gemeinschaft des Gottesvolkes dienen. Wenn Sie mir in dieser Richtung auch Ihre Fürbitte schenken, bin ich Ihnen besonders dankbar.«

(Aus einem Brief)

In Auschwitz

1975–1988

Bischof Dr. Carl Joseph Leiprecht tritt am 4. Juni 1974 von seinem Amt als Diözesanbischof zurück. Am 23. Februar 1975 wird Weihbischof Dr. Georg Moser vom Domkapitel zum neunten Bischof von Rottenburg gewählt und von Papst Paul VI. am 12. März 1975 ernannt. Am 25. März 1975 übernimmt er die Leitung der Diözese.

Inthronisation am 12. April 1975
Viele hundert Briefe erreichten Bischof Georg Moser zu seiner Inthronisation. Neben den guten Wünschen, die der Person galten, werden vielfach auch Sachprobleme geschildert und der Bischof um Beachtung, Stellungnahme und Aktion gebeten.

Inthronisation:
Übergabe des Bischofsstabes

DER ERZBISCHOF VON MÜNCHEN
UND FREISING

München, den 12. April 1975.

Seiner Exzellenz
dem Hochwürdigsten Herrn
Bischof Dr. Georg M O S E R
7407 R O T T E N B U R G
Bischof-von-Keppler-Str. 9

Lieber Georg!

Diese Zeilen, die Freund Tewes mitbringt, wollen Dir nur sagen, daß heute meine Gedanken und Gebete bei Dir sind. Möge es ein wahrhaft österlicher Tag für Dich werden, der Dich froh macht und stärkt für die Last, die Dir nun auferlegt ist. Laß Dir nocheinmal sagen, wie froh ich bin, daß Du Bischof von Rottenburg geworden bist. Wir brauchen Dich so sehr in unserer Konferenz.

In brüderlicher Verbundenheit
Dein

+ Julius Card. Döpfner

(Julius Cardinal Döpfner)

»... Ich habe mich selten über eine Bischofsernennung so gefreut und hoffe, daß Du als Ordinarius derselbe bleibst wie bisher. Das ist nicht nur für Euer Bistum, sondern für die ganze Bischofskonferenz von großer Wichtigkeit...«

Zu Beginn der Feierlichkeit hielt der Herr Ministerpräsident eine Ansprache, deren Wortlaut diesem Protokoll als Anlage beigefügt ist.

Der Herr Bischof von Rottenburg erwiderte mit einer Ansprache; der Wortlaut dieser Ansprache ist gleichfalls diesem Protokoll als Anlage beigefügt.

Sodann leistete der Herr Bischof den Eid, indem er folgende Worte sprach:

"Vor Gott und auf die Heiligen Evangelien schwöre und verspreche ich, so wie es einem Bischof geziemt, der Bundesrepublik Deutschland und dem Lande Baden-Württemberg Treue. Ich schwöre und verspreche, die verfassungsmäßig gebildete Regierung zu achten und von meinem Klerus achten zu lassen. In der pflichtmäßigen Sorge um das Wohl und das Interesse des deutschen Staatswesens werde ich in Ausübung des mir übertragenen geistlichen Amtes jeden Schaden zu verhüten trachten, der es bedrohen könnte."

Im Anschluß an diese Worte reichte der Herr Bischof von Rottenburg dem Herrn Ministerpräsidenten die Hand.

Genehmigt und
unterschrieben:

Stuttgart, den 18. März 1975

L. Filbinger   + Georg Moser
Ministerpräsident   Bischof von Rottenburg

»... Hoffentlich gelingt es Dir im Bistum Rottenburg, auf Zukunft hin zu planen und zu arbeiten; denn meine feste Meinung ist, daß viele im deutschen Episkopat in einer Vogel-Strauß-Politik nicht sehen wollen, wie sehr die Kirche in der Zukunft eine neue Gestalt haben wird...«

(Aus Schreiben von Weihbischofskollegen)

Eidesleistung vor der Landesregierung

Das Programm von Bischof Dr. Georg Moser

In den Tagen des Amtsantritts fragte Bischof Moser den von ihm verehrten Vorgänger Carl Joseph Leiprecht:

»›Ja, wie soll ich das denn machen, dieses und jenes?‹ Da erwiderte er: ›Weißt du, du solltest kein Bischof für den Schreibtisch werden, sondern du mußt ein Bischof für die Menschen sein; dafür hast du wahrscheinlich das Zeug.‹ So ein Zuspruch geht einem nach und gereicht einem zum Beistand, auch für ein Programm.«

(Aus: Ansprache anläßlich einer Geburtstagsfeier, S. 8)

Maßstäbe und Grundlinien des Pontifikats von Bischof Georg Moser werden klar und packend deutlich in der von ihm gehaltenen Ansprache zu seiner Inthronisation im Dom zu Rottenburg am 12. April 1975.

Wegweisend

». . .Denn das sind wir: pilgerndes, vorwärtsdrängendes Volk Gottes. Nein, meine Lieben, als Kirche bilden wir nicht irgendeine Organisation, nicht eine starre Institution; wir bilden vielmehr eine lebendige, vom Gottesgeist beschenkte und herausgeforderte Gemeinschaft im Glauben. Wir wissen uns auf dem Weg, vertrauend auf die einst ergangene Verheißung und zuversichtlich hoffend auf das Ziel der Vollendung, das uns der auferstandene und erhöhte Christus eröffnet. Wir verstehen uns nicht als Gruppierung von Leuten, die in eine bestimmte Ideologie vernarrt sind, oder als ein Häuflein phantastischer Jenseitsträumer. Grund und Wurzel, Mitte und Ziel ist für uns Jesus Christus, in dem wir erfahren, daß Gott sich uns ein für allemal in Liebe zugewandt hat, daß wir weder dem Zufall noch der Verlorenheit ausgeliefert sind.

Als pilgernde Kirche stehen wir unter dem Anspruch des Evangeliums. Wer nicht zuerst auf Gott hört, hat der Welt nichts Neues und schon gar nichts Hilfreiches zu sagen. Beim lebendig machenden Wort muß es unter uns Christen zuallererst bleiben . . .

Und unermüdlich besorgt müssen wir auch sein um den einzelnen, den konkreten Menschen. Wo er um den Sinn des Lebens ringt, wo er zu verdorren droht, da haben wir als Kirche die Botschaft von Kreuz und Auferstehung vernehmbar zu machen. Dann zeigen sich Auswege, ergeben sich Alternativen zu den beherrschenden Zwängen. Angst und Mutlosigkeit weichen, beständige

Freude beginnt zu keimen. Von Christus her kann der Mensch auch dann Halt und Zuversicht erlangen, wenn er – und das ist früher oder später unausweichlich der Fall – an seine letzten Grenzen stößt. In unseren Tagen scheint dies zum Dringlichsten zu gehören, daß der Mensch die große Verheißung seines Lebens erfährt, die Zusage nämlich: Hinter dir steht einer, der weiß von deinem Hunger nach Leben und von deiner Sehnsucht nach unzerstörbarer Freude – und er wird deinen Hunger stillen, deine Sehnsucht erfüllen. Wenn auch die Rätsel unseres Lebens sich nicht einfach auflösen, so erhalten wir doch durch ihn die Kraft, sie zu ertragen und nicht der mörderischen Resignation zu verfallen...
So erbitte ich mir nach einem Wort von Saint-Exupéry: ›Herr, leihe mir ein Stück deines Hirtenmantels, damit ich meine Schwestern und Brüder mit der Last ihres Lebens und Leidens darunter berge.‹ Uns allen aber sei als im Glauben gefestigtem Gottesvolk gewährt, daß die Freude nicht schwinde, die Liebe nicht erkalte und die Hoffnung nicht sterbe.«

»... Ja, was soll denn der Bischof? Was ich will in meinem Dienst? Ich erstrebe die lebendige und die missionarische Gemeinde, und heute muß man in der verängstigenden Szenerie unserer Öffentlichkeit mit Nachdruck hinzusetzen: die hoffnungsvolle Gemeinde. Ich meine, es tut not, daß wir Wandel und Entwicklung in Kontinuität allmählich erreichen, Schritt für Schritt. Wobei ich betone, daß für mich das Gesetz der kleinen Schritte besonders bedeutsam geworden ist.
Von Natur aus bin ich kein Mensch der unerschütterlichen Geduld. Aber ich mußte sie mir in mancherlei Hinsicht abzwingen, und einiges an Langmut habe ich, scheint mir, auch gelernt. Auf jeden Fall sitze ich als Bischof nicht auf einem hohen

Für euch – Bischof, mit euch – Christ

Berg und sage den Leuten von oben herab, wo es lang geht, nein, ich möchte selbst mit den Gläubigen unterwegs sein – unterwegs in einer schwierigen Geschichtsphase. Unterwegs sein im Mittragen von Verantwortung. ›Mit euch bin ich Christ, und für euch bin ich Bischof.‹ Und ich habe jedem zu danken, der mitgeht. Und es sind viele, die mitgehen. Ja, ich habe sogar denen zu danken, die Widerstand leisten. Denn sie fördern einen auch. Sie bringen einen zu neuen Besinnungen, sie bringen Stoff zu eigener Kritik und zur Selbstkritik. Aber vor allem bin ich für diejenigen dankbar, die mitgehen in einer lebendigen Kirche, und deshalb bin ich auch so dankbar für alle Hilfe, für alle

Anregungen, für alles Kritische und Anregende, Weiterführende und insbesondere für jedes ermutigende Wort. Es ist schon so – das wissen Sie aber von Ihren Lebensbereichen und Verantwortungen her –, daß man, wenn man Verantwortung übernimmt, immer ein gutes Stück völlig allein dahinstapft. Und da ist es gut, Freunde in der Nähe oder in der Gebetsgemeinschaft zu wissen...«
(Aus: Ansprache anläßlich einer Geburtstagsfeier, S. 11)

Bilder Seite 57 und 58:
»Seid stets bereit, jedem Rede und Antwort zu stehen, der nach der Hoffnung fragt, die euch erfüllt...« (1 Petr 3, 15)

Tägliches – Alltägliches

»...Als Drittes schließlich habe ich in meinem Elternhaus die Treue im Durchhalten gelernt. Das ist auch etwas, was man nicht schnell mit Parolen durch andere Leute erfährt; es wächst einem erst zu, und man muß mancherlei Krisen durchstehen. Auch für meinen jetzigen Dienst habe ich die Erkenntnis mitgebracht, daß Begeisterung nichts bringt, sofern nicht die zähe Kleinarbeit folgt. Doch lasse ich mich ab und zu bereitwillig mahnen, nicht in der Kleinarbeit hängen zu bleiben.
Ich brauche wohl kaum zu versichern, daß ich gerne in meinem Dienst lebe und gerne in der Kirche stehe – wobei ich natürlich weiß, daß es nicht immer lustig ist in der Kirche. Das wissen wir alle. Aber die Kirche und ihr Leben entbehren nie der Freude. Bischof Weber von Graz, mit dem ich sehr verbunden bin, hat einmal über die Leiden und Freuden stiftende Kirche geschrieben: ›Wenn es gelingt, nicht zu sehr an der Kirche, sondern mit ihr zu leiden, dann hat man man bereits die Flügel der Freude gewonnen.‹ Wenn man nicht teilnimmt an dem, was einem in der Kirche auch Beschwer macht, dann erfährt man die Freude in ihr und an ihr nie. Ich habe zum Beispiel viel Freude dadurch, daß ich in den Gemeinden, in den über tausend Gemeinden unserer Diözese, durch unzählige Besuche und Kontakte dasein und helfen darf in Wort und Tat. Die Seelsorge... liebe ich, und ich bin glücklich dabei.«
(Aus: Ansprache anläßlich einer Geburtstagsfeier, S. 7f.)

»...Briefe der unterschiedlichsten Art erreichen mich täglich. Wollte ich sie in eine Skala einordnen, stünden an einem Ende die anonymen, wenig

In der Bibliothek im Bischofshaus

Am Schreibtisch

höflichen Briefe; sie lassen keine Antwort zu. Weil einer, der glücklich und einigermaßen zufrieden ist, sich nur selten veranlaßt sieht, dies dem Bischof mitzuteilen, bekomme ich vor allem mancherlei Klagen und Beschwerden zu hören; da gilt es dann, Dinge zu klären, Mißverständnisse auszuräumen und auch schon mal zwischen Personen zu schlichten, manchmal in langwierigen Gesprächen. Lieber lese ich da Berichte aus den Gemeinden, aus Verbänden und religiösen Gemeinschaften; darin wird viel gläubige Initiative und Zuversicht spürbar, die ich gerne begleite und unterstütze. Eine eigene Gattung von Briefen – ich habe gar nicht den Ehrgeiz, vollständig zu werden – bilden die Schreiben unserer Missionare und Schwestern aus den Ländern der Dritten Welt; ihren meist handfesten Problemen suchen wir nach Kräften abzuhelfen. Vom Frühling und Wachstum des Glaubens in diesen Ländern lasse ich mich gerne anstecken.

Schließlich kommen Briefe wie die Ihren, über die ich mich schlicht freue. Ich bin für diese Zeichen besonders auch darum dankbar, weil sie mir zeigen, daß es die oft zitierte Trennung von Amt und Person eigentlich nicht gibt, daß auch ein wichtiges und durchaus nicht bequemes Amt einen nicht unbedingt zum Funktionär werden läßt, der nur noch das reibungslose Funktionieren des Apparates im Auge hat und den Kontakt zu den Menschen, zu ihren Freuden, ihren Sorgen, ihren Plänen und Erfolgen, ihrem Leid verloren hat. So lese ich Ihre Zeichen der Verbundenheit als persönliches Wohlwollen und danke sehr herzlich dafür – für jedes Verständnis, für jede Ermutigung und jede Fürbitte...«

(Aus einem Rundbrief an Freunde und Bekannte vom 3. August 1984)

Bischof Georg Moser lag sehr am Herzen, daß die mitunter geradezu sturmflutartig anschwellende Korrespondenz beantwortet wurde. Auch der Einzelne, der sich an »seinen« Bischof wandte – mit welchem Anliegen, welchem Problem oder Kummer auch immer –, konnte mit einer Antwort rechnen, sei dies ein Brief, ein Anruf, eine Broschüre mit freundlichen Grüßen oder Ähnliches.

»...Jeder Tag sieht für mich durch die Fülle der anfallenden Aufgaben anders aus. Normalerweise verwende ich die ersten Morgenstunden zum persönlichen Gebet und zum Breviergebet. Dann nutze ich die Stille des anbrechenden Tages zu kontinuierlicher Arbeit am Schreibtisch. Um 7 Uhr feiere ich täglich, zusammen mit einer kleinen Gemeinde, Gottesdienst in der bischöflichen Hauskapelle. Dann heißt es, den Posteingang sichten, Anfragen bearbeiten, Briefe beantworten. Neben der täglichen kurzen Mitarbeiterbesprechung und vielen Telefongesprächen nehmen die Empfänge der überaus zahlreichen Besucher einen großen Raum ein. Wichtig ist außerdem Woche für Woche die ganztägige Sitzung des Domkapitels. Viel Schreibtischarbeit erfordert heutzutage das Amt eines Bischofs. Jeden einzelnen Brief jedoch lese ich sehr genau. Steht doch hinter jeder Anfrage ein Mensch: die Sorge, die Hoffnung und Erwartung eines Gläubigen, der sich an seinen Bischof wendet. Und oft verbirgt sich in einem kurzen Schreiben das Schicksal einer ganzen Familie...«

(Aus einem Brief an Schülerinnen und Schüler [6. Klasse, Realschule], Dezember 1984)

Die großen Ereignisse

1978

150. Diözesanjubiläum »Gottes Ja – unsere Hoffnung«

Kapelle im Bischofshaus

»Die zahlreichen Veranstaltungen im Rahmen unseres Diözesanjubiläums haben viel Kraft gekostet. Aber die hohen Teilnehmerzahlen und das überwiegend positive Echo haben mich in der Überzeugung bestärkt, daß der Aufwand sich gelohnt hat und nicht nur Vergangenes memoriert, sondern auch Zukünftiges angestoßen wurde. . . . Das Jubiläumsjahr ist im Ganzen eine gute Sache gewesen. Es hat vor allem gezeigt, daß viel mehr Vitalität und Phantasie, ja auch viel mehr Glaube und Hoffnung in unserer Diözese vorhanden sind, als wir gemeinhin anzunehmen geneigt waren. Es hat mich jedenfalls in meinem Vertrauen auf die Zukunft bestärkt. Meine größte Sorge will ich deshalb nicht verschweigen. Der alarmierende Mangel an Priester- und Ordensberufen bedeutet eine Herausforderung ersten Ranges, der wir uns vor allem in diesem Jahr stellen wollten, indem wir auf diese Problematik eindringlich hingewiesen und die Bemühungen um die Gewinnung von Nachwuchskräften erheblich verstärkt haben. Dem Leitwort des Jubiläums ›Gottes Ja – unsere Hoffnung‹ habe ich die Losung folgen lassen ›Christus ruft – Menschen warten‹. Ich meine, das sei eine logische und notwendige Konsequenz.

Auch Heiteres gab es da und dort, das inmitten der Feierlichkeit Anlaß zum Schmunzeln bot. Als beim Ordenstag in Weingarten im April Tausende in die Basilika strömten, stand ein Ministrant neben mir und schaute zu, wieviele Leute kamen. Es waren zehntausend! Ich gab mit einer Bemerkung meiner Freude Ausdruck und bekam von dem Ministranten prompt die Antwort: ›Da können Sie den Lefèbvre völlig vergessen!‹

Letzteres kann ich natürlich nicht, weil der Traditionalismus und seine Hintergründe ein noch nicht bewältigtes pastorales Problem darstellen, das uns in den kommenden Jahren noch manches Kopfzerbrechen bereiten wird. Aber ich glaube an die Zukunft und an die dynamische Kraft des Evangeliums. Gerade das Jubiläum hat mir trotz der vielfältigen ungelösten Probleme in der Kirche neue Zuversicht vermittelt. Und ich wünsche am allermeisten, daß dieses eine uns als Frucht der 150-Jahr-Feier unseres Bistums erhalten bleibt: Der Optimismus aus Gnade, der sich nicht aus naturhafter Robustheit oder aus geschichtlicher Erfahrung ableitet, sondern einzig und allein aus dem JA, das Gott selbst zu uns gesprochen hat und das uns Hoffnung schenkt auch noch wider alle menschliche Hoffnung.«

(Aus Rundbriefen an Freunde und Bekannte [vom 23. Juni 1978 und 23. Juli 1979])

Auf dem Weg zu einer Altarweihe

Predigt vor Wallfahrern

Der »Fall Küng«

Viel Aufsehen erregte – vor allem um Weihnachten 1979 – der Entzug der Missio canonica von Professor Dr. Hans Küng. Er kann hier nicht – das ist andernorts geschehen – dokumentiert, soll aber auch nicht verschwiegen werden. Die Kräfte verschleißende, sich jahrelang hinziehende Auseinandersetzung mit ihren sehr unerfreulichen Begleitumständen haben Bischof Georg Moser sehr getroffen, ja ihm bis in seine letzte Lebenszeit hinein schwer zu schaffen gemacht.

Aus dem Brief vom 5. April 1979:
»...Ich will Ihnen nicht verheimlichen, daß mich die Lektüre Ihrer beiden Beiträge zur Frage der päpstlichen Unfehlbarkeit zutiefst betroffen gemacht hat. Ich finde darin nur jene Thesen in aller Schärfe wieder, die von der Kongregation für die Glaubenslehre am 15. Februar 1975 beanstandet und von der Deutschen Bischofskonferenz am 17. Februar 1975 als überprüfungs- und korrekturbedürftig betrachtet wurden.
Deshalb ist es mir schlechterdings unverständlich, daß Sie der Meinung sind, Ihre jetzigen Äußerungen sollen keinen neuen Unfehlbarkeitsstreit provozieren. Ihr Vorgehen kann meines Erachtens gar nicht anders denn als Provokation verstanden werden. Ich nehme deshalb an, daß ein unerquickliches Nachspiel unvermeidbar ist und sich große Schwierigkeiten ergeben werden.
Obwohl ich im Augenblick nicht sehe, wie es nun weitergehen soll... bin ich wie bisher zum Gespräch und zum vertretbaren Brückenbau bereit.

Mit freundlichen Grüßen
bleibe ich Ihr
Georg Moser
Bischof«

Fehlgeschlagener Vermittlungsversuch: beim Verlassen des Hauses von Professor Dr. Hans Küng

Aus dem Brief vom 1. März 1980:
»...4. Leider ist aus unserem bisherigen Schriftwechsel noch kein Ergebnis gewachsen, das eine Änderung in den Rechtsfolgen begründen könnte. Das dürfte Ihnen so klar sein wie mir. Dennoch hoffe ich – zumal im Hinblick auf die Tragweite der gegenwärtigen Auseinandersetzung – immer noch auf weitere Schritte von Ihrer Seite, die eine Wiederaufnahme des Verfahrens in Rom ermöglichen und zu einer Wiedererteilung der Missio canonica führen könnten. Niemand verlangt dabei von Ihnen ein ›sacrificium intellectus et conscientiae‹. Es geht vielmehr darum, daß Sie als Theologe aufgrund einer vertieften Reflexion ein Ja aus innerer Überzeugung zum verbindlichen Glauben der Kirche sagen können. Dieses ist vom Wesen der Sache her die unerläßliche Voraussetzung für die Erteilung der Missio canonica.

Mit freundlichen Grüßen
Georg Moser, Bischof«

Für die ganze Amtszeit von Bischof Dr. Georg Moser jedoch gilt: Er »hat zu Tübingen gehalten, auch in und nach manchen Krisen und Konflikten, die ihn, der ein sensibler und verletzlicher Mensch war, auch menschlich hart getroffen haben«. (Professor Dr. W. Kasper)
(Aus: Predigt im Trauergottesdienst . . . 16. Mai 1988)
»Wer ihn der Zwiespältigkeit beschuldigt, hat den Bischof Georg Moser wohl nie recht kennengelernt.« (Bischof Dr. K. Lehmann)
(Aus: Predigt beim Pontifikalrequiem . . . 17. Mai 1988)

». . .Prinzipiell muß man festhalten: theologische Konflikte können nicht etwa verboten werden, sondern sie müssen – dazu habe ich mich immer bekannt – in direktem Gespräch, also in offenem und zugleich respektvollem Dialog ausgetragen werden. Es geht hier, wenn ich's in Kurzfassung sagen darf, um ein kritisches Miteinander. Und im übrigen halte ich mich persönlich an ein Wort von Papst Paul VI., das mir sehr wichtig geworden ist. Er fordert, man müsse den Dialog heute auch angesichts besonderer Schwierigkeiten ›bis zur Erschöpfung‹ führen. Die Zeit zwischen dem Modernismus und dem Zweiten Vatikanum hat nach meinem Dafürhalten deutlich genug gemacht, daß diese Forderung auf den offenen, gelegentlich natürlich auch harten Dialog hin gültig ist. Ich möchte, was die inhaltliche Seite anbelangt, an die Kriterien der Tübinger Schule erinnern, die im Zusammenhang mit dem Universitätsjubiläum von der Fakultät wieder in Erinnerung gebracht wurden: nämlich Kirchlichkeit, Wissenschaftlichkeit und praxisbezogene Aktualität. Ich glaube, wo man sich auf solcher Ebene bewegt und auseinandersetzt, kommt es nicht zu Haß und Verunglimpfung. Falsch, böse und würdelos würde der Theologenstreit allerdings, wenn der Kräfteeinsatz auf einem extremen Flügel mehr eigener Selbstbehauptung oder dem Glanz des eigenen Namens gälte als dem Wohl des Ganzen.«
(Aus einem Interview mit der »Südwestpresse« vom Mai 1978)

Lefèbvre

Auch die Vorgänge um Alterzbischof Marcel Lefèbvre und seine Anhänger, die mancherorts die Gemüter erhitzten, brauchen innerhalb der Chronologie der Amtszeit des Bischofs Dr. Moser nicht verschwiegen zu werden. Einige wenige Zeilen aus einem Privatbrief mögen für die durchdachte, durchdiskutierte, durchlittene und durchbetete Haltung des Bischofs stehen.

». . .Ich kann Deine Sympathie für das Unternehmen von Bischof Lefèbvre nicht so recht verstehen. Es geht hier ja nicht mehr um ein legitimes Eintreten für eine bestimmte Form der Liturgie oder für die Anliegen einer mehr traditionalistisch eingestellten Gruppe in der Kirche. Es handelt sich um eine radikale Ablehnung des Konzils und damit der Geschichtlichkeit der Kirche . . .
Ich für meinen Teil versuchte, mit Ecône ins Gespräch zu kommen und so vielleicht doch einen Dienst der Verständigung zu tun . . . In einem langen Gespräch ist mir jedoch klar geworden, mit welcher Intoleranz und mit welch erschreckend apodiktischer Sicherheit diese Leute darüber befinden, wer noch katholisch ist und wer nicht. Das Gespräch verlief sehr ergebnisarm und hat mich traurig gestimmt. Ich bemühe mich wirklich mit allen Kräften, in Treue zum Evangelium und der kirchlichen Tradition der Diözese Rottenburg vorzustehen und einer heillosen Polarisierung unserer Gläubigen entgegenzuwirken. Bei diesem Bemühen erfahre ich Ecône aber gerade nicht als eine Hilfe, sondern eher als eine große Last. Zur christ-

lichen Wahrheit gehört auch die Liebe, und letztere vermisse ich in der Haltung dieser Gruppe. Sie zeichnet sich aus durch Härte und Unnachgiebigkeit und erweist damit dem christlichen Glauben meines Erachtens keinen wirklichen Dienst.
Die künftige Entwicklung wird zeigen, ob Bischof Lefèbvre zu Zugeständnissen bereit ist oder nicht. Ich hoffe und bete, daß uns ein Schisma erspart bleibt und daß die verschiedenen Gruppen in der Kirche bereit sind, einander zu respektieren und brüderlich miteinander umzugehen.«
(Aus einem Brief [August 1976])

Diözesansynode 1985/86

Weitergabe des Glaubens an die kommende Generation

Von der für die Zukunft wichtigen Diözesansynode kann hier nur ganz wenig angeführt und ausgebreitet werden. Doch ist die Synode anderweitig reich dokumentiert. Unvergessen bleibt die hervorragende Eröffnungspredigt, in der Bischof Georg Moser seinen Christusglauben bezeugte.

»Christus: das Licht der Welt
Wir brauchen, um nicht in Finsternis zu enden oder im Todesschatten zu verkommen, den Glauben an Jesus Christus. ›Ich glaube‹ – sagt Paulus – ›an den Sohn Gottes, der mich geliebt und sich für mich hingegeben hat‹ (Gal 2, 20). Darum dürfen wir, können wir und wollen wir diesen Glauben nicht sterben lassen: nicht in uns, nicht im Lebensgefühl unserer Zeit und nicht in der Welt. Vor meinen Augen stehen ungezählte Frauen und Männer, Jugendliche, Kinder und Kranke unserer Diözese, denen das Leben wertlos wäre ohne diesen Halt und diese Kraft. Eine von ihnen, mit

Diözesansynode

vierzig Jahren erblindet, hat ihrem Seelsorger beteuert: ›Wenn mir jemand anbieten würde: Du darfst wieder sehen, aber um den Preis deines Glaubens, dann wollte ich lieber blind bleiben.‹

Und vor drei Tagen erzählte mir ein schwäbischer Missionar von einem Mann aus einer Basisgemeinschaft in den Slums von Kapstadt, der sagte: ›Und wenn wir in diesem Rattenloch umkommen müssen, wir sind nicht trostlos; denn Jesus ist bei uns.‹ Aus welchen Quellen sollen wir denn Kraft und Hoffnung schöpfen, wenn nicht aus dem christlichen Glauben? Die Alternativen zu Christus sind kläglich und zumeist bereits verbraucht. Der Glaube ist unser Kostbarstes, er ist die wertvolle Perle. Verstecken wir diesen Reichtum ja nicht im Schließfach! Er muß unter die Leute, er gehört auf die Straßen und Marktplätze, er gehört in die Öffentlichkeit. Keine Sorge: Wer den Glauben hineinvermittelt ins Gemenge des Tages, der bringt kein überflüssiges Wort. Wir geben nur in Freude weiter, was größer ist als wir selbst.

Wir zeigen auf Christus, nicht auf uns. Wir geben, wie es die Würzburger Synode wieder so eindringlich verlangt hat, jedem Rechenschaft, der nach dem Grund unserer Hoffnung fragt (vgl. 1 Petr 3, 15). Wenn wir es nicht sind, die die Liebesgeschichte Gottes mit den Menschen weitererzählen; wenn wir es nicht sind, an denen glaubwürdig bezeugtes Christentum ablesbar wird – wie sollen dann kommende Generationen Christus begegnen als der Wahrheit ihres Lebens, als der Hoffnung der Menschheit und dem Heil der Welt?

›Wir haben unterschiedliche Gaben, je nach der uns verliehenen Gnade‹, so hörten wir eben von Paulus. Unsere Gaben werden zur Aufgabe, wo es darum geht, den Glauben zu leben, zu feiern und ihn in faßbare Formen zu gießen. Alle Gaben müssen zusammenfließen in den Strom der Weitergabe des Glaubens. Der Völkerapostel erinnert an die Gabe prophetischer Rede, des Dienstes, des Lehrens, des Tröstens und Ermahnens (vgl. Röm 12, 6–8). Was jeder ist, was jeder kann, was jeder hat – es wächst nur und wird nur fruchtbar als Gabe für

Der Steuermann

das Ganze. Der Tübinger Theologe Johann Adam Möhler sagte: ›Alles können nur alle sein, und die Einheit aller nur ein Ganzes.‹«

(Aus: Eröffnungspredigt)

Auch der letzte Fastenhirtenbrief des Bischofs »Durch ihn und mit ihm und in ihm« (1988) belegt eindrücklich, wie »christozentrisch« Bischof Moser glaubte und lebte.

Zur gegenwärtigen kirchlichen Lage

»Erfreulicherweise hat die Diözesansynode Fuß gefaßt, und sogar weltweite Beachtung gefunden. Aus Afrika, Südamerika und vielen europäischen Diözesen erreichen uns Reaktionen und Anfragen. Die Texte der Synode werden in den Gemeinden in Gesprächskreisen und Gruppen gelesen und diskutiert. Man erkennt mehr und mehr, daß die ›Weitergabe des Glaubens an die kommende Generation‹ zu den zentralen Aufgaben und Problemen der Kirche gehört. Auch in die theologische Diskussion hat dieses Wort und das damit bezeichnete Problem Einzug gehalten.
Demgegenüber haben wir nach wie vor viele Kirchenaustritte, vor allem bei den evangelischen Christen. Der Gottesdienstbesuch nimmt ab, ebenso die Zahl der kirchlichen Trauungen und Taufen. Manche Gemeinde spürt die Härte des Priestermangels. Gemessen an früheren Jahrgängen stecken wir auch immer noch in einer Krise der Ordensberufungen, wenn auch einige Häuser wieder mehr Neueintritte aus einem breiteren Feld der Interessenten verzeichnen können. Kontemplative Orden und klösterliche Gemeinschaften mit pastoralem Akzent haben augenblicklich besondere Anziehungskraft. So bleibt es für die Orden und Kongregationen das Gebot der Stunde, das Charisma ihres jeweiligen Ordensgründers in die heutige Zeit umzusetzen und neu zu beleben.

Es ist festzustellen, daß der Wind uns vielerorts ins Gesicht bläst. Problematisch wirkt eine Stimmung, die sich dem Leben gegenüber skeptisch oder ablehnend zeigt. Sie hat manche jungen und alten Menschen ergriffen. Wir erkennen sie wieder vor allem in der unvorstellbar großen Anzahl von Abtreibungen und Ehescheidungen. Aktive Sterbehilfe wird zum Teil für gut und sittlich gerechtfer-

Die Kinder begrüßen ihren Bischof

tigt betrachtet. Der Wille, für sich und andere Verantwortung zu übernehmen gilt weithin nicht mehr als selbstverständlich.

Daher mühen sich die Kirchengemeinden konsequenter und bewußter um ihren Glauben und dessen Weitergabe an die kommende Generation. Das Gespräch und die Verständigung zwischen den Generationen nimmt vielerorts zu. Daß die Katechese im Gemeindeleben einen Schwerpunkt bilden muß, wird erkannt. Eheleute und Familien werden verstärkt angesprochen und wir versuchen, eine umfassende ›Kultur des Sonntags‹ wiederzugewinnen. Trotz der guten Aufbrüche stehen wir aber nach wie vor am Anfang. Jedenfalls kann von Ausruhen keine Rede sein, eher von Weitermachen in Hoffnung und Zuversicht!«

(Aus dem Jahr für Jahr geschriebenen Brief an die »lieben Schwestern und Brüder in der Mission«, hier vom 11. November 1987, dem Tag des Diözesanpatrons St. Martin. Der Bischof berichtet in persönlich gehaltenem Stil von wichtigen Ereignissen, Begegnungen und Eindrücken eines Jahres und bedankt sich bei den ca. 700 aus der Diözese stammenden Missionarinnen und Missionaren für ihren Einsatz und Dienst)

Die großen Themen und Zeitfragen

Aus der schier unerschöpflichen Fülle von Sachfragen, zu denen der Bischof sich kundig machte und äußerte, seien nur wenige Themen herausgegriffen.

Umwelt und Mitwelt

»... Die Stimmen mehren sich, die sagen, die Welt gehe den Weg von ihrer Schöpfung hin zu ihrer Erschöpfung. Gott hat die Welt erschaffen, und haben wir Menschen sie nun ›geschafft‹? Uns dämmert immer mehr die Bedeutung der Welt als unserer Umwelt. Wir kennen die Müll- und Abfallhalden in unserer Umgebung. Wir wissen von verseuchten Gewässern und vergifteten Böden. Wir erleben die Verschmutzung der Luft, sehen die Zerstörung unserer Landschaften. Ist die Schöpfung also nun erschöpft? Der Wald scheint nicht mehr mitzumachen. In vielen Gegenden unseres Landes stehen im Wald die Tannen und Fichten wie verbrauchte Christbäume im Februar. Engagierte Umweltschützer haben einmal am Abgaskamin einer Chemiefirma ein Spruchband entrollt. Darauf war zu lesen:
›Erst wenn der letzte Baum gerodet, der letzte Fluß vergiftet, der letzte Fisch gefangen, werdet ihr feststellen, daß man Geld nicht essen kann.‹

Meine Schwestern und Brüder,
Das sind keine spleenigen Sonderideen irgendeiner Minderheit, die man getrost auch übersehen könnte. Im Gegenteil, die seit langem zäh und hartnäckig auf die Gefährdung der Umwelt aufmerksam gemacht haben, den unbequemen Mahnern von verschiedensten Seiten und Lagern, gilt heute unser Dank ...

Inmitten afrikanischer Christen

Mir scheint es wichtig zu sein, daß ein solch großartiger Blutritt, wie er hier stattfindet, der so viele Menschen aus dem ländlichen Raum versammelt und so viele Städter dazu, mir scheint es wichtig zu sein, daß wir wissen: wir müssen den Bauern den ›Rücken stärken‹. Sie versorgen uns mit hochwertigen Lebensmitteln, sie pflegen Natur und Landschaft unter oft harten Mühen. Man kann die Landwirte und ihre Familien nur bitten: Bleiben Sie in Ihrer Verantwortung, bleiben Sie den Werten treu, die das Leben auf dem Land bestimmt haben: der Familie und der Verwandtschaft, der Gemeinschaft und der nachbarlichen Zusammenarbeit und Hilfe, dem Glauben – über den mancher ortlos Gewordene vielleicht nur noch lächeln kann und der doch der eigentliche Halt und die Kraft unseres Daseins ist –, der Gemeinde, der Kirche im Dorf und der Feier des Sonntags.

Meine Schwestern und Brüder!
Wir bewohnen die Erde, wir haben nur die eine, und auch die nach uns kommen haben keine Alternative. Sie soll uns weiterhin Lebenswelt bleiben, nicht Todeswelt. Die uns leben läßt, diese Erde, wir müssen sie bewahren, heute für morgen. Diese Erde ist uns aber auch aufgetragen, damit wir sie bebauen, mit wahrer Kultur kultivieren. Dieser Dreiklang von Bewohnen, Bewahren und Bebauen muß unterfangen bleiben von der Grundmelodie des Betens, vom Beten zu Gott, dem Geber aller Gaben. Und wenn Sie sich von heute abend gar nichts merken, dann doch diese ›vier B‹: Bewohnen, Bewahren, Bebauen und Beten.
Morgen wird der Blutritt über die Felder führen. Wir bitten um Segen und Schutz für die Gärten und Fluren und Wälder. Fügen wir eine Bitte an: die Bitte für uns selbst, daß uns die tiefbegründete Sorge für unsere Umwelt und Mitwelt bewußter wird, daß wir offener werden für diese Sorge und bereit, sie uns zu eigen zu machen.«
(Aus: Lebenswelt, nicht Todeswelt. Predigt von Bischof Dr. Georg Moser zum Blutfreitag 1984 in Weingarten)

Zukunft und Friede

Frage: »... Was ist Ihrer Meinung nach in der derzeitigen Situation zu tun?«

Antwort: »Ich bin nicht in der Lage, sozusagen mit Formeln diesen Weg zu beschreiben ... Es ist ja so, daß wir nun immer gesagt haben ›Friede mit weniger Waffen‹. Und nun haben wir faktisch einfach mehr. Als Konsequenz der jetzt vollzogenen Politik wurden aber – darauf baue ich und daran erinnere ich – neue Verhandlungen und konkrete Schritte zur atomaren Abrüstung in Aussicht gestellt. Und ich möchte das verstärken und jetzt

Der Blutreiter

die Politiker bei diesem Wort der Verheißung nehmen, daß sozusagen aus einer neuen Position heraus wirklich ernsthaft und unerschütterlich verhandelt werde in Richtung Abrüstung! Mit der Stationierung neuer Raketen sind wir ja nicht am Ziel, wir sind vielmehr jetzt recht weit vom Ziel entfernt, wenn das Ziel – und darin scheinen sich doch alle guten Willens einig zu sein – Abrüstung heißt. Zur Abrüstung gibt es keine Alternative. Der Rüstungswettlauf ist auf längere Zeit kein zuverlässiger Weg, um den Frieden zu sichern. Wobei ich noch einmal sage – ich denke da immer an alle Seiten – die vielbesprochene Abschreckungsdoktrin kann – und das hat der Papst ja und das haben auch wir Bischöfe deutlich gemacht – nur als ein Abschnitt auf dem Weg einer fortschreitenden Abrüstung noch für moralisch annehmbar gehalten werden. Ich möchte hier erinnern an unser Wort ›Gerechtigkeit schafft Frieden‹, wo wir Kriterien dafür genannt haben, die ich jetzt nicht zu wiederholen brauche. Lieber möchte ich also mit größter Entschiedenheit appellieren an alle, die in ihrer je eigenen Verantwortung stehen, das Menschenmögliche zu versuchen für den Stopp einer neuen Rüstungsspirale, für einen Frieden mit weniger Waffen, für wirkliche Schritte zur Abrüstung. Anders gerät der Weg der Friedenssicherung ... einfach in Verruf.

... Hier sollte man auch die oft besprochenen Dimensionen nicht vergessen, nämlich die Weltdimensionen. Herr Hoeren, wir waren kürzlich zusammen in Bangladesh. Wir haben ja gesehen, wie da Kinder in den Armen ihrer Mütter verhungern. Und wenn man dann dran denkt, was an Lebensmöglichkeiten gegeben werden könnte mit diesem ungeheuren Aufwand, den man für Waffen investiert, dann kann man doch nur sagen: Wir brauchen nicht noch mehr Sprengstoff, sondern wir brauchen eine bessere Verteilung der Nahrungsmittel, wir brauchen mehr Nahrung für hungernde Menschen.«

Frage: »Immer wieder wird der katholischen Kirche von einigen Kräften die Legitimation abgesprochen, in den politischen Raum hineinzusprechen. Andererseits hört man auch den Vorwurf, die Bischöfe würden in Sachen Frieden nicht klar genug, nicht eindeutig genug sprechen. Wie stehen Sie zu diesen Vorwürfen?«

Antwort: »Also zum letzteren Vorwurf: Den kann ich nicht akzeptieren, und zwar weil er mir unfriedlich und intolerant erscheint. Die einzelnen politischen Schritte der Friedenssicherung kann nicht das kirchliche Lehramt dekretieren. Die Kirche ersetzt keine politischen Parteien und führenden Gremien. Es gibt auch eine politische Eigengesetzlichkeit, die an das Gewissen der politisch Verantwortlichen gebunden ist und umgekehrt. Bischöfe sind keine Ayatollahs. Wir haben, glaube ich, in unserem Schreiben ›Gerechtigkeit schafft Frieden‹ deutlich genug Kriterien genannt, die hier zu beachten sind – und wenn sie beachtet wären, wären wir schon bedeutend weiter.

Und ein anderes: Wenn bestritten wird, daß wir uns überhaupt äußern sollen, dann möchte ich mich allerdings kräftig wehren. Gott hat zwar die Welt allein geschaffen, aber er will sie in Ordnung halten, auch in Frieden halten, mit Hilfe des Menschen. Das ist eine prinzipielle Sache, daß der Mensch für die Welt Verantwortung hat. Und wenn Sie so wollen, liegt die Wurzel des politischen Engagements der Kirche im Geheimnis der Weihnacht. In Jesus Christus wird nämlich Gottes Sohn Mensch, ein Teil dieser Welt, unser Bruder. Und die Welt ist für uns nicht nur das Feld des Bösen, ist nicht nur womöglich ein Zugeständnis, an dem vorbei wir leben. Sondern die Welt ist das Feld, in dem sich diese Liebe Gottes manifestieren, verwirklichen muß, wenn der Friede kommen will, und zwar der Friede, der auf den Feldern von Weihnachten verkündet wurde. Und ich denke, daß man den Christen nicht eine Sekunde – unter welchen Ideologien auch immer – entpflichten

Weihe Ständiger Diakone

darf von seiner Weltverantwortung. Die hat er garade aus dem Glauben, der die Welt umschließt und umklammert, wahrzunehmen.«

(Aus: Interview zum Zeitgeschehen im Programm Südwestfunk 1, 18. Dezember 1983. Die Fragen stellte Jürgen Hoeren).

Ökumene

Frage: »Die ökumenischen Bestrebungen sind ins Stocken geraten. Wäre es nicht dringend notwendig, für gemischt-konfessionelle Ehen und Familien Verbesserungen/Erleichterungen zu schaffen?«

Antwort: »Auch hier würde ich wiederum ›Halt‹ rufen. Es wird zwar allerorten verbreitet, die ökumenischen Bestrebungen seien ins Stocken geraten. Sicher empfinden manche Menschen das auch so. Dazu möchte ich aber bemerken: Wer über den Tag hinausschaut, der muß doch anerkennen, welche gewaltigen, von vorneherein gar nicht erwartbaren Schritte die Christen in diesem Jahrhundert und verstärkt nach dem Zweiten Weltkrieg aufeinanderzu getan haben. Kein Mensch will hier irgendein Rad zurückdrehen. Wer das nicht glaubt, der lese sorgfältig zum Beispiel die Reden des Papstes oder die Aussagen des Präfekten der Glaubenskongregation, Kardinal Ratzingers, nach.

Gleichzeitig ist aber ernstzunehmen, daß es in diesen vielfältigen Prozessen des Aufeinanderzubewegens nun immer deutlicher und direkter um das Entwerfen präziser und lebbarer Visionen geht. Auf schwäbisch gesagt: ›Es geht ans Eingemachte‹, oder: ›Der Teufel steckt im Detail‹. Für diese Detailarbeit brauchen wir aber Geduld und Zeit und auch den Sachverstand von Experten. Jeder, der geneigt ist, mit dem großen Pinsel Lösungen zu malen, sollte einmal die Erfahrungen aus seinem Berufs- oder Eheralltag auf das Ökumeneproblem anwenden. Nirgendwo wird mit einem Federstrich aus der Welt geschafft, was Anlaß zu Mißverständnissen, zu Kopfschütteln und zu Streit bildete, schon gar nicht, wenn solch ein Streit fünfhundert oder gar tausend Jahre lang andauert. Ökumene ist wie die Politik die Kunst des langwierigen Bohrens harter Bretter.

Daß viele Familien existentielle Nöte haben, weiß ich. Aber ich beschwöre Sie alle geradezu: Gehen Sie doch denen nicht auf den Leim, die mit Fingern ausschließlich auf das zeigen, was zwischen den Kirchen nicht möglich ist. Fragen Sie sich, fragen Sie in Ihren Gemeinden: Haben wir all das schon verwirklicht und gelebt, was möglich ist? Die ›Arbeitsgemeinschaft christlicher Kirchen in Baden-Württemberg‹ hat ein Faltblatt herausgegeben mit dem Titel ›Ermutigung zur ökumenischen Arbeit am Ort‹. Dort finden Sie viele konkrete und praktische Vorschläge zu einem gemeinsamen Miteinander zusammengestellt. Und schließlich: Nur indem alle Christen zur Mitte ihres Glaubens und zum Kern des Christseins stoßen, wird es uns gelingen, weiterzukommen.«

(Aus: »Martinsblättle«, herausgegeben von der katholischen Kirchengemeinde Ulm-Wiblingen)

Umfassender Lebensschutz

Besondere Gefährdungen

»... Eine wesentliche Sorge auch des kommenden Jahres wird dem umfassenden Lebensschutz gelten. Entsetzliche Defizite greifen vor allem um sich am Lebensbeginn und -ende, bei allem kranken und beschädigten Leben. Der Schutz des Lebens schließt fraglos auch menschliche Embryonen ein. Wer gibt uns das Recht, sie zu ›verbrauchen‹, und diese Ungeheuerlichkeit auch noch ›Forschung‹ zu nennen? Wir dürfen nicht nachlassen, Umkehr zu fordern und ihr den Boden zu bereiten. ›Wo ist ein Volk, das dies schadlos an seiner Seele ertrüge?‹ müssen wir mit dem Dichter Werner Bergengruen angesichts vieler Zustände fragen. An das Unannehmbare werden wir uns nicht gewöhnen und wir dürfen es nicht. Darüber vergessen wir keinesfalls, welche Sünden gegen das Leben anderswo, zum Beispiel im Verhalten der Umwelt gegenüber, begangen werden ...

Wenn mancher im Land immer noch meint, die Litanei, die von seiten der Kirche zu hören sei, wäre veraltet, halte ich dem entgegen: Die Themen Abtreibung oder Sterbehilfe sind keinesfalls Spezialthemen hinterwäldlerischer Bischöfe, Väter und Mütter. Ganz im Gegenteil: Wir haben aus den ständigen Anfragen gelernt, die da lauten: Wo wart ihr eigentlich, als hierzulande diese und jene Verbrechen verübt wurden? Vorbild ist mir insbesondere die standhafte Haltung unseres Bischofs Joannes Baptista Sproll. Fünfzig Jahre nach der Vertreibung aus der Diözese gedenken wir 1988 seiner in besonderer Weise. Dies tun wir dankbar, denn von ihm wissen wir, wo er stand.

Zwei weitere Gefährdungen der Lebensqualität möchte ich ansprechen. Zur immer dringlicheren

Aufgabe wird der Sonntagsschutz. Wir müssen den Sonntag neu durchdenken und durchargumentieren. Es darf uns nicht kalt lassen, wenn nur ökonomische und finanzielle Gesichtspunkte ein Arbeitsrahmengesetz bestimmen, ganz entscheidende Dimensionen des Humanen aber ausgeblendet werden. Eine Gesellschaft, die bloß durchzogen ist von unaufhörlichen Produktions- und Konsumrhythmen, hat aufgehört eine menschliche Gesellschaft zu sein. Mit einem beherzigenswerten Wort sagt es Heinz Zahrnt: ›Am Leben sein ist noch nicht im Leben sein.‹ Ganz real droht, daß wir uns der Substanz nach aufgeben und uns zum findigen Tier zurückkreuzen, wie nicht nur Karl Rahner oft bemerkte.

Sorge bereitet auch alles, was mit dem umfassenden Stichwort ›Medienethik‹ nur angedeutet werden kann. Dabei sollten wir uns bewußt sein, daß nicht nur die mancherorts anzutreffende Willkür der Macher einen geisttötenden Sumpf verursacht. Schuld trägt ebenso die Enthüllungsgier eines Publikums, das ständig nach Opfern schreit. Jeder einzelne ist aufgerufen, dem immer schamloseren Konsumismus sowie einer Orientierung am untersten Niveau zu widerstehen.

Besondere Chancen

Freilich wäre es nicht zutreffend, von unserer Wirklichkeit nur ein Bild der Grau- und Schwarztöne zu zeichnen. Vielerorts ist der Kampf für Leben und Lebensqualität schon im Gange. Gerade bei der Jugend sind erfreuliche Zeichen des Umdenkens und der Umkehr festzustellen. Alle Kräfte des Guten heißen uns hoffen. Die größte Kraft und der stärkste Mut erwachsen uns aus dem Glauben. Im Gottesdienst haben wir gebetet: ›Heute offenbarst du das Licht der Völker, deinen Sohn Jesus Christus. Er ist als sterblicher Mensch auf Erden erschienen und hat uns neu geschaffen im Glanz seines göttlichen Lebens.‹ Längst schon leuchtet der Stern göttlicher Lebensqualität . . .

So ist uns vor allem Jesus Christus das Maß aller Lebensqualität. Wenn er vom Leben spricht, grenzt er nichts aus. Die Weite der Schöpfung und den ganzen Menschen bezieht er ein in seine Liebe. Er gibt sich selbst hin ›für das Leben der Welt‹ (Joh 6, 51). Bleiben wir dicht bei ihm. Er fordert uns heraus mit seinem ›Ich aber sage euch‹, mit seinem ›Bei euch aber soll es nicht so sein‹ (Lk 22, 26). Dieses Licht und Leben, das von Gott stammt, ist unsere besondere Chance . . .«

(Aus: Ansprache beim Neujahrsempfang im Bischofshaus, 6. Januar 1988)

Priester- und Ordensberufe

Eine große, bleibende Sorge des Bischofs galt Priester- und Ordensberufen. Die hier abgedruckte Predigt, die Dr. Georg Moser bei der Priesterweihe des Collegium Germanicum in Rom am 10. Oktober 1987 hielt, wurde seine letzte Weiheansprache:

Lesungen: 1 Kön 19, 4–9a, 11b–13a; Mt 13, 44–46

»Der Bischof von Sens-Auxerre, einer über tausend Jahre alten französischen Diözese, erzählte mir: In seiner eigenen Bischofsstadt ist er eines Abends verunglückt. Bewußtlos wurde er aus seinem Wagen befreit und in ein Krankenhaus gebracht. Als er erwachte, kamen der diensttuende Arzt und die Schwester, um seine Personalien aufzunehmen. Nach seinem Beruf gefragt, gab er an: évêque. Auf der anderen Seite löste das ein verwundertes Aufblicken aus: Was das sei und wie man das schreibe? Wie eine Woge sei in diesem Augenblick über ihn hereingebrochen, was er schon lange empfunden und worunter er gelitten habe: das erschreckende Desinteresse so vieler Zeitgenossen am Glauben, die geringe Zahl der Gottesdienstbesucher, der schlimme, die Kirche von innen zerreißende Gruppenstreit, die schmerzhafte Tatsache, daß sich weite Teile der Gesellschaft losreißen von den Wurzeln, die einst das Leben geprägt und getragen haben. Ist nicht der Weg des Glaubens entvölkert wie ein alter, mühsamer Alpenpaß, der seinen Verkehr längst an bequemere Wege und Lebensweisen verloren hat? Und so fand sich dieser Bischof selbst in einer ähnlichen Situation wie Elija.

Der Ruf ist nicht machbar

Die heutige Lesung charakterisiert sie so: Elija hat genug, will aufgeben. Alles um ihn und in ihm ist Wüste. Sein Lebensmut ist am Verglimmen. Doch im bleiernen Schlaf der Erschöpfung treffen ihn Ruf und Zeichen: ›Steh auf und iß!‹ Zweimal wird er angerufen, zweimal stärkt er sich – wie es in der Bibel so manchesmal einen zweiten Anlauf braucht. Dann wandert er bis zum Gottesberg Horeb.
Nicht die mitgebrachten persönlichen Voraussetzungen tragen den Ruf. Das berührt uns zuerst an dieser Erzählung. Machbar oder erzwingbar ist hier nichts. Der Herr ruft, wen er will, wann er will und wie er will. Er ruft selbst dort, wo einer die Lage und auch sich selbst als untragbar und ausweglos empfinden mag, wo einer erschrickt vor dem garstigen Graben, der sich auftut zwischen der eigenen Kraft und der Größe und Würde des Gerufenseins. Keiner kann sich zu diesem Ruf hinüberargumentieren, hinüberpsychologisieren oder hinüberwerkeln. Nicht Prometheus oder Sisyphus stehen im Heiligenkalender, sondern Berufene aus allen Situationen und Stationen des Lebens.

Gerufen heißt gesandt

Der Ruf, das ist entscheidend, führt Elija direkt vor Gott. Das Zweite, was uns hier so tief ergreift, ist die Art dieser Gottesbegegnung. Wo und wie ist Gott? In einem gewaltigen Schauspiel werden Sturm, Erdbeben und Feuer Elija vorgeführt. Sie sind die geradezu klassischen Zutaten einer antiken Gottesoffenbarung. Doch jedesmal heißt es: Nein, so nicht. Nicht das Erwartbare zählt, der längst bekannte Anknüpfungspunkt gilt nicht. Gott ist anders. Immer geht es um ihn, aber er zeigt sich unerwartet. Nicht auf Sturm, Erdbeben und Feuer ist er einzugrenzen, wohl auch nicht auf das leise Säuseln des Windes. Das wie und wo und was der Gottesoffenbarung, das wechselt und ändert sich in einem Leben. Und so macht der Ruf nicht stur und starr, sondern wach und aufmerksam. ›Komm heraus und stell dich... vor den Herrn‹ (11b).
So hat es jener französische Bischof auch gemacht, als die Welle der Enttäuschung und Frustration abgeebbt war. Noch als Patient hat er seine Sendung neu bejaht und wieder aufgenommen. In Gesprächen mit Ärzten und Schwestern spürte er es dann: hier und da ein Zögern, eine Frage, ein verhaltener Wunsch oder eine Sehnsucht. Nichts Bombastisches, kaum jemals triumphale oder überwältigende Erlebnisse konnte er berichten. Aber da waren doch Aufbrüche einzelner zu spüren und die große Hoffnung, auf Menschen zu stoßen, die den Weg zu Gott weisen können.

Seelsorger gesucht

Unzählige Menschen warten. Jenseits der schrillen und selbstbewußten Töne ist in unserer Gesellschaft der Hunger und Durst nach dem Evangelium groß. Doch es ist das Evangelium selbst, meine Freunde, das gesucht wird, kein Ersatz und kein Allotria. Menschen unterschiedlichster Art werden Ihnen anvertraut. Führen Sie sie Gott zu. Helfen Sie ihnen zu entdecken, wie ein Mensch in Gott leben, in ihm sich bewegen und sein kann. Keine soziale oder psychiatrische Institution, so löblich sie sein mögen, vermag das zu verkünden. Doch darauf warten Menschen: manche zaghaft, manche gehen Umwege, viele merken's nicht zu allen Zeiten ihres Lebens. Aber Gott zieht uns alle in das Drama der Begegnung mit ihm hinein – den einen durch Sturm und Feuer, andere durch ein Säuseln. Hier sind Sie aufgefordert ›Bergungsarbeit‹ zu leisten, Menschen aus ihrem Gelingen und Scheitern heraus zu Gott zu ziehen. Werden Sie den Ihnen Anvertrauten Seelsorger.

Mut zur Seelsorge

Sicher wurde das Wort Seelsorge auch schon einseitig gebraucht. Lassen Sie sich davon nicht abschrecken. Seine Sperrigkeit signalisiert die notwendig andere Dimension. Sie zu vermitteln sind Sie gesandt. Denken Sie an die antike Tradition, in der der Sorge um die Seele ein solcher Stellenwert zugeschrieben wurde. Und wie eindringlich hat Jesus die Menschen davor gewarnt, an ihrer Seele Schaden zu nehmen. Arbeiten Sie unverzagt und unverdrossen daran, die Menschen für Gott wach zu machen, damit sie sich nicht vom Ebenbild Gottes zurückkreuzen zum technisch hochintelligenten und erfinderischen, aber letztlich banalen und stumpfen Tier, wie es Karl Rahner immer wieder gesagt hat.

Ganzheitliche Seelsorge

Stellen Sie all Ihre Gaben gerne für diesen Einsatz bereit. Alles können und sollen Sie einsetzen: theoretisches Wissen, menschliches Gespür, intensives Zeugnis und spirituelle Kraft. Menschen spüren es, ob ihnen ein von Gott Durchdrungener begegnet oder ob es sich um dröhendes Erz, lärmende Pauke und Mäntelchen im Wind handelt. Das gilt von Ihrer Person, es gilt auch von dem, was Sie verkünden. Verkünden sie den Glauben, keine Mätzchen. Bieten Sie den Menschen keinen theologischen Schnellimbiß an: vorgefertigt, aufgetaut und weiterverkauft. Ein Ruf ist an Sie ergangen, der Ihnen ein billiges Leben verwehrt.

In allem: Freude

›Wer sich Gott geweiht hat, der hat keinen Grund zu trauern, wohl aber fröhlich zu sein‹, so sagt es der heilige Ignatius, der Patron Ihrer Weihekirche. Sprechen Sie aus freudigem Herzen Ihr ›Adsum‹ in dieser Stunde. Bejahen Sie Gottes Ruf und Ihre Sendung mit freudigem Dank. Danken Sie Gott für all die Menschen, ohne die Sie hier nicht stünden: für Ihre Eltern und Geschwister, Verwandte und Freunde, für Ihre Pfarrer und Lehrer, für alle, die für Sie und mit Ihnen beten und opfern. Freuen Sie sich, daß Sie gesandt sind, Seelsorger zu sein, in Gottes Weinberg zu arbeiten, liege er in Ihrer Heimatdiözese, in der Mission oder in der Wissenschaft. Vergessen Sie nie, daß Sie den Schatz des Reiches Gottes mitten im weiten Acker der Welt entdeckt haben. Er ist der Schatz und die Perle, für die Ihr bereites und freudiges Ja sich lohnt: Gott selbst ist dieser Schatz, nichts weniger. Bitten wir ihn in dieser Stunde, er möge das an uns Begonnene vollenden.«

»Nachgehende« Seelsorge

Nicht nur ein vorzüglicher Zuhörer und packender Redner war Bischof Georg Moser, er besaß ebenso die Gabe, gute Briefe schreiben zu können. Der »geborene Seelsorger«, dem die Zuwendung zum einzelnen sehr viel bedeutete, antwortete Suchenden und Fragenden, schrieb alten, kranken und trauernden Menschen.

»Mein lieber ...
Tief betroffen hielt ich die Todesanzeige Deiner lieben Frau in Händen. Selbstverständlich war es für mich, am Tage ihres Begräbnisses das heilige Meßopfer für die liebe Verstorbene wie auch für Dich und Deine Kinder darzubringen.
Es fällt mir sehr schwer, angesichts dieses bitteren Ereignisses überhaupt Worte zu machen. Dafür ist der Schmerz eines solchen Abschieds viel zu ernst. Ich möchte Dir und Deinen Kindern aber sagen, daß ich aus ganzem Herzen Anteil nehme an diesem furchtbaren Geschick und schwer lastendem Leid. Ich kann mir vorstellen, daß Du in manchem Augenblick nicht weißt, ob das alles Wirklichkeit oder nur ein böser Traum sein soll. In diesen Tagen habe ich mich manchesmal an meinen Vater erinnert, der ja seine Frau auch relativ früh verloren hat. Einige Tage nach der Beerdigung sagte er, er wundere sich überhaupt, daß da noch Menschen um ihn herum lachen könnten ...
Es gibt Ereignisse im Leben, die man nur in tiefem Schweigen und vor allem in der Stille des Glaubens durchstehen kann. Hoffentlich schenkt Dir der Herrgott die Kraft, in gläubiger Bereitschaft dieses schwere Kreuz auf Dich zu nehmen. Sei aber überzeugt, daß dieses Kreuz auch den Hintergrund der Auferstehung hat. Du darfst gewiß sein, daß Deine liebe Frau und die Mutter Eurer Kinder nicht einfach aus dem Leben weggerissen wurde, sondern nun von Gott in die Fülle des Lebens heimgeholt worden ist. Gerade diese Gewißheit möge Dir helfen, in der jetzigen Lage nicht den Mut sinken zu lassen. Dein und Deiner Familie Leben muß weitergehen. Und es geht weiter. Halte fest an dem Glauben, daß Deine Gattin, die so treu und liebevoll an Eurer Seite ging und für Euch da war, auch in Zukunft mit Euch verbunden bleibt. Sie wird für Dich und Eure Kinder gerade jetzt eine besonders liebevolle Fürbitterin am Throne Gottes sein und Euch nahe bleiben im Tal der Schmerzen, das Ihr nun miteinander tapfer und geduldig durchschreiten müßt. Nichts von all der Liebe, die sie Dir und den Kindern geschenkt hat, ist verloren oder gar beendet. Ich wünsche Dir von Herzen und bete darum, daß Dir tagtäglich die Kraft zuteil wird, Ja zu sagen zu der unlösbar scheinenden Aufgabe, die Gott Dir nun gestellt hat. Sei gewiß, daß auch für Deine Lebenslage das Wort der Heiligen Schrift zutrifft: ›Denen, die Gott lieben, gereichen alle Dinge zum besten.‹
Ich hoffe, in absehbarer Zeit wieder ins Oberland zu kommen und werde Euch dann selbstverständlich besuchen. Und wenn ich irgend etwas für Dich tun kann, dann laß mich's bitte wissen.
Lieber ..., nimm diese Zeilen als Ausdruck meiner stillen Verbundenheit mit Dir und den Kindern.

Und nun herzliche Grüße
und mein Gebetsgedenken
von Deinem Georg«

»Lieber Herr Pfarrer!
... es wird Ihnen jetzt nicht leicht fallen, Ihr Krankscin anzunehmen. Doch ich wünsche für Sie von Herzen, daß Sie diese Wochen als Zeit der Stille und der Besinnung auf sich nehmen. Alles hat ja auch seine gute Seite! Vielleicht können Sie gerade in dieser Isolation unserem Herrn und Meister erneut und vertieft begegnen. Sie werden hoffentlich nicht den Mut verlieren, sondern auch in diesem Geschick den Willen Gottes erkennen und ihn mit Offenheit annehmen und zu erfüllen versuchen ...
Sie kennen das Gebet, das Charles de Foucauld niedergeschrieben hat und das viele Mitbrüder jeden Tag beten. Ich habe es auch als ein Geleitwort in meiner Schreibtischunterlage, so daß ich es jeden Tag sehe und es hat mir schon viel geholfen. Es lautet:
›Mein Vater,
ich überlasse mich dir,
mach mit mir, was dir gefällt.
Was du auch mit mir tun magst,
ich danke dir.
Zu allem bin ich bereit,
alles nehme ich an.
Wenn nur dein Wille sich an mir erfüllt
und an allen deinen Geschöpfen,
so ersehne ich weiter nichts, mein Gott.
In deine Hände lege ich meine Seele;
ich gebe sie dir, mein Gott,
mit der ganzen Liebe meines Herzens.
Weil ich dich liebe,
und weil diese Liebe mich treibt,
mich dir hinzugeben,
mich in deine Hände zu legen, ohne Maß
mit einem grenzenlosen Vertrauen;
denn du bist mein Vater.‹
Ich grüße Sie in brüderlicher Verbundenheit und wünsche Ihnen das Beste!«

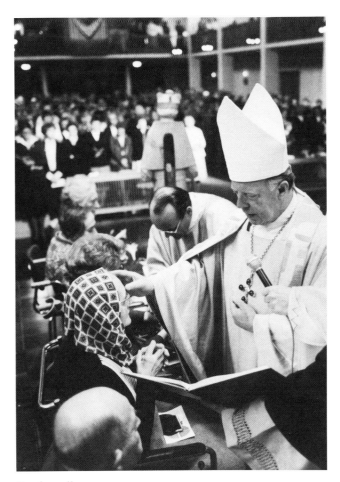

Krankensalbung

Gesundheit, Krankheit und Tod

Einen tiefen Einschnitt im Leben von Bischof Dr. Georg Moser bedeutete die nach jahrzehntelangen Nierenproblemen und schließlicher Dialyse im August 1986 erfolgte Nierentransplantation.

»Heute, da ich diese Zeilen schreibe, bin ich mit meiner neuen Niere noch nicht wieder ganz ›der Alte‹. Ich habe meine Arbeit zum Teil wieder aufgenommen, nehme aber noch keine auswärtigen Termine wahr. Nach dem, was ich von Fachleuten so höre, muß ich schon noch einige Geduld aufbringen, bis ich mich wieder mit ganzer Kraft meinem Dienst widmen kann. Wenn ich zurückschaue auf das letzte halbe Jahr, so bin ich den Ärzten und Schwestern in der Tübinger Universitätsklinik zu besonderem Dank verpflichtet. Mein ohnehin großer Respekt vor der medizinischen Kunst hat noch beträchtlich zugenommen. Die Ärzte beobachten mich weiterhin aufmerksam. Untersuchungen in der Klinik von Zeit zu Zeit sind zur neuen Rubrik in meinem Terminkalender geworden ...
In gewisser Weise werde ich nie mehr ›der Alte‹ werden: Die durch die Krankheit gewonnenen Erfahrungen bleiben mir ...
Viele, sehr viele haben mich ihrer besonderen Fürbitte versichert: Die Macht des Gebetes hat mich gerade in den Wochen der Ohnmacht tief beeindruckt und getragen.
Vor Jahren schrieb ich ein Büchlein mit dem Titel: ›Der eine lebt vom andern.‹ Ich hätte nicht gedacht, daß dies einmal geradezu körperliche Wirklichkeit werden könnte für mich. Jetzt habe ich das Organ eines andern, mir fremden Menschen und erlebe so in einer Dichte wie selten die bereits in der Natur grundgelegte Verbundenheit

Mit Erzbischof Helder Camara: Blick vom Fernsehturm

aller Menschen. Eine solche Erfahrung macht nachdenklich ...«

(Aus einem Rundbrief an Freunde und Bekannte zum Jahresende 1986)

Der Gesundheitszustand von Bischof Georg Moser verschlechterte sich – nach einigem Auf und Ab – seit dem Herbst 1987 kontinuierlich. Im Januar 1988 reiste der Bischof zum alle fünf Jahre fälligen Ad-Limina-Besuch nach Rom. Nach kurzer Erholung folgten bald viele Firmreisen, die Frühjahrsvollversammlung der Deutschen Bischofskonferenz, ein vielbeachtetes Referat vor Mitgliedern des Deutschen Roten Kreuzes und anderes mehr. Am 18. März 1988 zelebrierte der Bischof das Requiem für den verstorbenen Altbundeskanzler Dr. Kurt Georg Kiesinger in der Konkathedrale St. Eberhard in Stuttgart. Nach der nur unter äußerster Anstrengung durchstandenen Feier des Palmsonntagsgottesdienstes sagte er die Gottesdienste der Karwoche, die er fast alle selber im Dom zelebrieren wollte, ab. Was in den Tagen zwischen Gründonnerstag und Karsamstag 1988, die er zumeist allein im Bischofshaus verbrachte, in ihm vorging, weiß keiner. Doch am Ostersonntag 1988 feierte der Bischof das Pontifikalamt – es war sein letzter öffentlicher Gottesdienst. Danach verab-

Pressekonferenz

Letzte Begegnung mit
Papst Johannes Paul II.

schiedete er sich in der Sakristei von seinen Domkapitularen und begab sich am Ostermontag ins Krankenhaus.

Bischof Dr. Georg Moser verstarb am Montag, 9. Mai 1988.

Eigenhändiger Entwurf des Sterbebildchens (Ausschnitt):

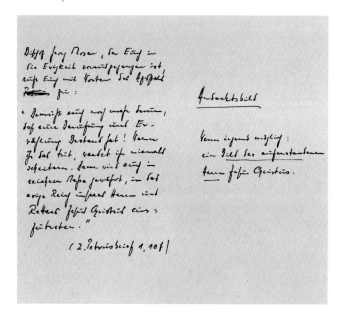

Beisetzung in der Bischofsgruft

»Bischof Georg Moser, der Euch in die Ewigkeit vorausgegangen ist, ruft Euch mit Worten des Apostels zu:

›Bemüht euch noch mehr darum, daß eure Berufung und Erwählung Bestand hat. Wenn ihr das tut, werdet ihr niemals scheitern. Dann wird euch in reichem Maße gewährt, in das ewige Reich unseres Herrn und Retters Jesus Christus einzutreten.‹«

(2 Petr 1, 10–11)

Im Wort des 2. Petrusbriefes, das uns Bischof Georg als Vermächtnis hinterließ, ist dessen unmittelbarer, aufschlußreicher Kontext wohl mitgemeint:

»[12]Darum will ich euch immer an das alles erinnern, obwohl ihr es schon wißt und in der Wahrheit gefestigt seid, die ihr empfangen habt. [13]Ich halte es nämlich für richtig, euch daran zu erinnern, solange ich noch in diesem Zelt lebe, und euch dadurch wachzuhalten, [14]denn ich weiß, daß

Die Sülchenkirche, Grablege der Rottenburger Bischöfe

mein Zelt bald abgebrochen wird, wie mir auch Jesus Christus, unser Herr, offenbart hat. ¹⁵Ich will aber dafür sorgen, daß ihr auch nach meinem Tod euch jederzeit daran erinnern könnt. ¹⁶Denn wir sind nicht irgendwelchen klug ausgedachten Geschichten gefolgt, als wir euch die machtvolle Ankunft Jesu Christi, unseres Herrn, verkündeten, sondern wir waren Augenzeugen seiner Macht und Größe. ¹⁷Er hat von Gott, dem Vater, Ehre und Herrlichkeit empfangen, denn er hörte die Stimme der erhabenen Herrlichkeit, die zu ihm sprach: Das ist mein geliebter Sohn, an dem ich Gefallen gefunden habe. ¹⁸Diese Stimme, die vom Himmel kam, haben wir gehört, als wir mit ihm auf dem heiligen Berg waren. ¹⁹Dadurch ist das Wort der Propheten für uns noch sicherer geworden, und ihr tut gut daran, es zu beachten, denn es ist ein Licht, das an einem finsteren Ort scheint, bis der Tag anbricht und der Morgenstern aufgeht in eurem Herzen.«

»Als Bischof ist man wahrhaftig nicht nur der Gebende; wieviel mehr bin ich der Empfangende! Ich denke zunächst an jene, die uns vorangegangen sind. Ich denke nicht nur an die Eltern, ich denke auch an viele Freunde und geistliche Mitbrüder. Ein alter Pater hat letzthin geschrieben: ›Die Totenbildchen in meinem Brevier vermehren sich täglich.‹ Und ich muß ihm das nachsprechen. Man bleibt manchmal an diesen Bildchen hängen; man sagt sich: Den und die hast du doch gekannt und von ihnen Gutes empfangen. Das Wort Tote mag ich nicht. Ist es denn nicht zu kalt, zu endgültig? Für mich bedeutet das Entscheidende im Kosmos der Frohbotschaft das Wort vom Leben: vom Leben in Fülle, vom neuen Leben. Gilt es also nicht genauso bei denen, die uns verlassen haben – verlassen nur für eine befristete Trennung? Die Verstorbenen sind nicht einfach verschwunden, ausgelöscht. Mit ihnen dürfen, ja sollen wir in Fühlung bleiben; sie sind gegenwärtig als die Schwestern, die Brüder, die vor uns aus der Zeit in die Ewigkeit eingegangen sind«...

(Aus: Ansprache bei einem kleinen Jubiläum, S. 6)